Le procès Robespierre

Roman historique

Jean–Marc Becquet

Dépôt légal novembre 2017 : ISBN : 979-10-94133-14-9

JMB EDITIONS

Couverture © Sébastien Biguet

Prix 9,50 €

« Croire à l'histoire officielle, c'est croire des criminels sur parole. »

« L'Enraciment » écrit par la philosophe et humaniste Simone Weill, a été rédigé à Londres entre janvier et avril 1943, juste avant sa mort, alors que son auteure était engagée dans la France Libre et que le général de Gaulle souhaitait pour la Libération une nouvelle Déclaration des droits de l'homme. Non achevé, il a été publié post-mortem par Albert Camus en 1949.

« Vae Victis » « Malheur aux vaincus » Jules *César.*

« Dans les révolutions il y a deux sortes de gens, ceux qui les font et ceux qui en profitent. » *Charlotte de Robespierre.*

« Il fut le bouc émissaire de la révolution » *Napoléon Bonaparte.*

Préambule

Fin 1956, l'Assemblée nationale se réunit pour examiner une proposition de résolution invitant le gouvernement à organiser la célébration du deuxième centenaire de la naissance de Robespierre en 1958. Elle examine l'avis de quelques députés d'organiser en son honneur, un hommage solennel, ainsi qu'une journée de commémoration dans les écoles et les universités. La motion propose enfin de favoriser par de larges subventions les travaux historiques, les expositions et les œuvres du grand homme. Voici l'histoire de cette motion en commission.

Chapitre 1.

Pierre Mendès France, Paris Assemblée nationale, Décembre 1956.

– Tu es fou, Pierre[1] ! Tu veux vraiment faire voter par l'Assemblée une résolution pour demander au gouvernement de Guy Mollet, d'organiser avec faste la célébration du deuxième centenaire de la naissance de Robespierre ?

– Oui, Jacques[2], je veux faire voter cette résolution. Une journée doit lui être dédiée dans les écoles, et les universités. Nous demanderons de favoriser les travaux historiques, les expositions et les œuvres. Il faudra décider et octroyer une subvention importante.

– Tu es vraiment fou ! Il apparaît toujours comme le partisan de la terreur, le fossoyeur de centaines de personnes. Il a été condamné à mort par le Comité de salut public, les pays étrangers se moqueront et les Français se déchaîneront contre nous.

---

[1] Pierre Mendès France, membre du Front populaire, conclut la paix en Indochine et démissionne du gouvernement Guy Mollet en 1956 à ca la guerre menée en Algérie.

[2] Jacques Chaban-Delmas, membre à cette époque du Front Républicain avec Pierre Mendès France.

– Que faire pour vous décider de me suivre dans ce projet ? Que faire pour vous démontrer que loin d'avoir été l'artisan de cette terreur, il s'y est opposé, que ce sont ses ennemis, c'est-à-dire les plus sanguinaires des despotes de ce Comité de salut public, nommés par la suite les thermidoriens, qui ont comploté contre lui, ont réussi à le faire arrêter, à le faire condamner sans procès et à le faire exécuter. Il faut rétablir la vérité historique, il faut enfin que l'opinion soit instruite de la vérité et que les mensonges propagés depuis près de deux siècles cessent. Pour cela, notre mission est d'instruire et de rétablir les faits et la vérité.

– Je suis contre ! C'est ridicule !

– Alors, il faut instruire son procès devant l'histoire et devant les hommes, dans cette salle de l'Assemblée. Nous convierons nos collègues députés. Nous les ferons témoins des actes de l'accusation et de la défense. Nous nommerons des juges, un jury et ensuite la sentence sera prononcée. S'il est reconnu coupable, j'abandonne ce projet d'hommage national, s'il est reconnu innocent, l'Assemblée votera la résolution.

– On va se moquer de nous !

– Comment se moquer ? Nous faisons notre travail de parlementaire, comme lorsque nous nommons une commission d'enquête, c'est notre droit et notre devoir. Mais, les faits appartiennent à l'histoire, alors nous allons faire le procès des frères Robespierre et de leurs amis qui ne s'est jamais déroulé, car ils ont été exécutés, et sans aucune preuve, le lendemain de leur arrestation, le 28 juillet 1794. Napoléon avait interpellé Cambacérès, l'ancien député de la Convention, sur cette condamnation, et celui-ci lui avait répondu : « Sire, cela a été un procès jugé et non plaidé », et bien nous allons le plaider, maintenant, il n'est que temps.

– Bien, jouons le jeu jusqu'au bout, moi, Paul Vergès, je serai l'avocat de la défense.

– Cela te va bien de défendre les indéfendables, moi, Valéry Giscard d'Estaing, je serai l'avocat général, et crois-moi mon acte d'accusation sera à la hauteur de ses crimes.

– Il reste à composer la cour, je propose comme président Hammadou Dicko, grâce ses origines, il restera neutre, et sa formation de juriste l'aidera.

– Je suis d'accord ! Pour une fois, je vais pouvoir présider un tribunal sur l'un de vos personnages historiques. Amusant !

– Je vous propose comme assesseurs Charles Hernu et Jacques Fourcade, leurs opinions divergentes permettront l'équilibre.

– Et les neuf jurés, Messieurs ?

– Ils seront désignés au sort parmi nos collègues, qu'en penses-tu, Pierre ?

– Cela me va ! Organisons le procès rapidement, la première journée du procès aura lieu la semaine prochaine, lundi. On se réunira dans cette salle deux fois par semaine, en dehors de nos travaux parlementaires. Elle est assez grande pour accueillir tous les députés qui souhaiteront assister au procès. Il reste à formuler l'acte d'accusation de Maximilien de Robespierre.

– En tant qu'avocat général en charge de l'accusation, je propose l'acte suivant : Maximilien Robespierre, né le 6 mai 1758 à Arras est accusé devant la juridiction de Paris d'avoir, en tant que membre du Comité de salut public, organisé la terreur et assassiné des centaines de personnes sans motif valable, uniquement à cause leurs origines nobiliaires, religieuses, ou à cause de leurs opinions politiques. Je l'accuse donc de meurtres et de crimes contre l'humanité.

– En tant qu'avocat de la défense, je récuse toutes les allégations et déclare mon client innocent de ces crimes.

– Informons le président de l'Assemblée, André le Troquet, de notre projet !

Chapitre 2.

**Maximilien de Robespierre, rue Saint-Honoré
Le 10 messidor an II (28 juin 1794).**

Je suis donc un dictateur !

Et bien qu'ils sauvent la patrie sans moi. Cette réunion du Comité de salut public m'a laissé un souvenir douloureux.

J'ai réclamé la révocation de Fouquier-Tinville, ils ont refusé. J'ai donné lecture de mon projet de rapport pour la convention. Ils m'ont critiqué, et m'ont insulté. Je n'irai plus au comité. Je ne ferai plus partie de cette mascarade.

J'ai souffert des tristesses de mon enfance et des humiliations de mes débuts, puis j'ai connu la gloire et la reconnaissance et me voilà retourné comme au début de ma vie, bafoué et misérable. Je n'ai été redouté que par des lâches, et louangé que par des hypocrites.

Cela paraît si loin.

Je suis l'aîné de quatre enfants, un frère et deux sœurs. Notre père était avocat au conseil de l'Artois. Il habitait Arras, où il s'était acquis une certaine considération par ses qualités humaines. Mais nous eûmes le malheur de perdre notre mère alors que nous étions encore jeunes. Je n'avais que sept ans, ma sœur Charlotte cinq ans, mon jeune frère Augustin venait d'atteindre sa deuxième année. Mon autre sœur avait quatre ans. La mort de notre mère a anéanti notre père. Il fut inconsolable. Il ne s'occupa plus de ses dossiers. Il était avocat. La famille lui conseilla de voyager quelque temps. Il partit, mais définitivement, je ne le revis jamais. Je ne sais même pas dans quel pays il est mort.

Nous étions orphelins. Je pris conscience de la charge qui m'incombait. Malgré mon jeune âge, je devenais le chef de la famille. Mes sœurs et mon frère étaient les personnes que je devais protéger et guider dans la vie, sans trop savoir comment faire. Alors pour avoir une contenance, je devins grave, sérieux. Je pris le soin de guider leurs jeux, sans m'en mêler toutefois. Je leur prodiguais tous les soins et les attentions qu'ils n'auraient plus jamais de nos parents disparus. Mes tantes paternelles recueillirent nos deux sœurs, et mes grands-parents maternels nous prirent mon frère Augustin et moi chez eux.

Quelques années plus tard, je fus placé au collège d'Arras, en internat. Je savais depuis longtemps les devoirs qui m'incomberaient de m'occuper plus tard de ma famille. Pour cela, il fallait que je puisse exercer un métier qui les mettrait à l'abri du besoin. Alors je fus un élève appliqué, étudiant sans relâche. Goûtant peu les jeux de mes camarades, je passais beaucoup de temps seul, à réfléchir sur mon avenir, et ainsi à organiser dans mes rêves éveillés, le devenir de mes proches.

Le dimanche, je pouvais rejoindre pour quelques heures mon frère et mes sœurs. Je voulais être leur grand frère, leur père, leur guide, mais tous ces rôles à la fois me faisaient parfois oublier l'essentiel, à savoir que, plus jeunes, ils souhaitaient avant tout mon amour et ma tendresse. Et dans mon jeune âge maladroit, essayant tant bien que mal d'être un adulte responsable, j'étais cassant, parfois rigide et trop souvent je les accablais de reproches pour des choses futiles. Je le regrette profondément. Mais il est trop tard.

Je fus remarqué, par mes résultats scolaires, par l'abbé de Saint-Waast qui m'attribua une bourse d'études afin que je puisse partir étudier au collège Louis Le Grand, à Paris. Quel dilemme, quitter ma famille qui avait besoin de moi, du moins je le pensais, ou poursuivre mes études et pouvoir ainsi remplir mes obligations futures envers eux. Les conseils que me prodigua l'abbé emportèrent ma décision. Je me souviens encore des adieux déchirants avec ma fratrie. J'avais onze ans.

On me confia à un parent éloigné, le chanoine de Notre-Dame, Monsieur de La Roche. C'était un homme doux, compréhensif et il tint durant deux ans le rôle de protecteur et même de mentor. Il mourut trop vite, ma douleur fut profonde, il était devenu le père qui m'avait abandonné trop vite. Mon refuge fut comme d'habitude le travail. Les études, par une occupation de tous les instants, me permettaient d'oublier ma tristesse et ma douleur. Je restais au collège Louis-le-Grand, huit ans, jusqu'au diplôme du baccalauréat. Je me souviens surtout des périodes de grandes vacances. Je partais rejoindre ma famille à Arras, et j'avais le bonheur de passer de doux moments avec eux. C'est durant mes études que ma plus jeune sœur Henriette mourut. Lorsque je l'appris, je pensais que c'était de ma faute. Je n'étais pas présent pour la secourir, pour l'aider, pour prendre les décisions qui s'imposaient et pour empêcher sa mort. La honte et le remords me submergèrent. Elles ne me quittèrent plus jamais. J'avais failli à ma tâche, comme maintenant.

Je fis ensuite mes études de droit, dans la droite ligne de celles de mon père. Après avoir obtenu ma licence en mai 1781, je m'inscrivis sur le registre des avocats de Paris.

C'est à cette époque que je revins à Arras, heureux de pouvoir passer du temps avec ma famille. Je veillais sur les études de mon frère, pour qu'il puisse aussi occuper une profession qui pourrait le faire vivre décemment. À son tour, il partit faire ses études à Paris en internat. Mes grands-parents étant décédés, mes tantes paternelles mariées, je m'installais avec ma sœur Charlotte dans une petite demeure de la rue du Saumon à Arras, grâce à l'argent que notre grand-père nous avait laissé en héritage. Je m'inscrivis au Conseil national de l'Artois comme avocat et commençais à plaider dans ma ville dès l'année 1782.

Ces premiers discours, en qualité d'orateur à plaider les affaires que l'on me confiait, me permirent de construire ma pensée, ma raison et ma conscience. Je me souviens très bien des nombreuses heures que je passais à construire mes arguments, à les rendre inattaquables. Il faut bien avouer que je prenais autant de plaisir à la plaidoirie qu'à étudier le fond de mes dossiers. Pourtant, je ne prenais que des affaires qui me semblaient justes et pour des clients qui me semblaient honnêtes et de bonne foi.

Je garde un souvenir important d'une de ces affaires, celle du ci-devant Deteuf qui l'opposait aux bénédictins d'Anchin. Deteuf était un artisan modeste, accusé de vol par un religieux de la très puissante abbaye d'Anchin, située sur la commune de Pecquencourt, dans le nord de la France. Ce moine infâme poursuivait de ses avances la lingère de l'abbaye, Clémence, la sœur de Deteuf. Elle se refusait et résistait. Ce religieux, Dom Broignard, accusa alors son frère François Joseph de lui avoir volé des centaines de louis, pour faire pression sur Clémence.

Pendant plus d'un an, je les ai défendus contre la puissance de la religion et de l'abbaye. À force d'accumuler les preuves de la perfidie et des mœurs dépravées de ce moine, nous avons gagné le procès. Mais, je ne m'en tins pas à la relaxe de mes clients. Je le poursuivis pour qu'il soit accusé, condamné et mis en prison. Et je l'obtins. Une réputation d'intégrité et de déterminisme m'accompagna après cette affaire, mais aussi, il faut bien le dire, un dénigrement parmi les milieux bien-pensants de la ville. J'avais pris position contre l'un des ordres établis de notre société.

L'affaire du paratonnerre de Devissery marqua aussi mes jeunes années d'avocat. Dans cette affaire, je défendais la science contre les préjugés des ignorants. Maître Devissery, avocat à Saint Omer, avait installé sur sa cheminée un paratonnerre. Le bailli de la commune, sur les plaintes de ses voisins qui considéraient l'engin comme dangereux, lui ordonna de le détruire. L'homme, fort de son bon droit, et de ses études, fit appel. L'Académie des sciences fut alertée et lui donna raison, mais les préjugés et l'obscurantisme poursuivirent leur chemin. Cet homme engagea alors Antoine-Joseph Buissart, avocat à Arras. Le procureur du Roi s'empara de l'affaire, et le procès s'ouvrit en mai 1783. Buissart que je connaissais me demanda de l'assister. Ma plaidoirie fit effet, et la cour confirma le droit de Maître Devissery d'utiliser les découvertes de la science et de garder le paratonnerre. Malheureusement, il ne put se féliciter de sa victoire que peu de temps. Il mourut quelques mois plus tard. On m'apprit par la suite qu'il avait laissé un codicille à son testament, laissant le soin à ses héritiers d'entretenir et de laisser ce paratonnerre sur le toit de la maison, sous peine de la vente de celle-ci par son notaire.

Cette affaire me valut une notoriété qui dépassa le cadre de la ville d'Arras, on en parla dans la capitale, par l'article qui parut dans le journal « Le mercure de France[3] ».

La religion, l'obscurantisme, mais il restait un autre domaine de l'injustice auquel je devais être confronté, et que je découvris lors d'une affaire qui me guida ensuite pour les années qui suivirent, à combattre les excès du pouvoir royal.

Les lettres de cachet privaient de liberté tout homme qui déplaisait à d'autres, plus puissants. Je défendis l'affaire d'un officier Hyacinthe Dupond, qui demandait une indemnisation pour un emprisonnement abusif de douze ans. Il avait eu le malheur de réclamer sa part d'héritage que des parents mal intentionnés avaient détourné. Il avait combattu à nos frontières et lors de son retour, sa parenté obtint, par influence d'un ami puissant, une lettre de cachet du pouvoir royal. Mon client fut arrêté, et détenu durant toutes ces années sans pouvoir se défendre. Je réclamai pour celui-ci une indemnisation importante, à la hauteur du préjudice subi. Mieux, je demandai à

____

[3] Revue qui parut de 1672 à 1965, et qui relatait des faits et histoires sortant de l'ordinaire.

la cour d'Artois d'abroger les lettres de cachet, et d'en profiter pour réformer le droit des accusés. Aucune censure ne vint me limiter dans mon discours et dans le mémoire que je publiai alors. Mais nous étions en 1789.

Robespierre jeune, artiste inconnu

Chapitre 3.

**Première séance du tribunal, lundi 10 décembre 1956,
Interrogatoire de Monsieur Albert de Laponneraye.**

– Mesdames Messieurs, je déclare ouverte cette cession de la cour d'assises du 12 décembre 1956. Je tiens à rappeler que l'accusé n'est pas présent et pour cause, il est mort guillotiné le 28 juillet 1794. Mais nous entendrons devant ce tribunal de l'histoire, des témoins directs ou des historiens qui viendront nous éclairer sur les circonstances et les faits de cette période. Évidemment chacun de ces témoins ou historiens morts à ce jour sera représenté par l'un de nos collègues qui assurera le plus fidèlement possible leurs pensées et leurs actes. Je vais d'abord procéder à la vérification de l'identité de l'individu que nous jugeons par l'intermédiaire de Monsieur Albert de Laponneraye qui a connu la sœur Charlotte de Robespierre et a recueilli ses mémoires, ses souvenirs et sa correspondance avant sa mort, le 1er août 1834. Veuillez vous présenter et ensuite énoncer l'identité de l'accusé Maximilien de Robespierre.

– Je m'appelle Albert Dulin de Laponneraye, plus connu sous le nom d'Albert Laponneraye. Je suis né le 8 mai 1808 à Tours, et je suis mort le 1er septembre 1849 à Marseille. Je suis un homme de lettres et un homme politique français, militant républicain et socialiste, historien, essayiste politique, journaliste, militant révolutionnaire, je suis un ardent admirateur de Robespierre,

– Monsieur, veuillez vous contenter de vous présenter ! Déclinez votre identité et présentez l'accusé Robespierre ! On ne vous demande pas votre opinion sur l'accusé.

– Bien, Monsieur le Président. Je vais essayer d'être aussi concis que possible. Maximilien de Robespierre est né le 6 mai 1758 à Arras, il est l'aîné de quatre enfants. Il a un frère et deux sœurs. Leur père était avocat à Arras, il faisait partie d'une lignée d'homme de loi, et l'origine nobiliaire de la famille est incontestable, l'un de ses ancêtres Robert de Robespierre était un homme de fief et chevalier. Un document de 1478 l'atteste. Une branche de la famille s'établit en 1730 à Arras, il s'agit du grand-père qui devint avocat. Le père de Maximilien, également avocat, était un notable reconnu et fort apprécié dans sa ville natale…

– Monsieur le Président, objection, le témoin influence le jury sur les qualités du père de l'accusé, et tente à démontrer que le fils suivait le même chemin.

– Monsieur l'avocat général, veuillez ne pas perturber la séance, je suis seul juge de ce qui doit être dit. Monsieur, veuillez poursuivre, mais en vous abstenant de porter des jugements de valeur dans un sens ou un autre.

– Bien, Monsieur le Président, mais, ce sont des faits, on dit qu'il était honoré dans toute la ville. Sa femme mourut jeune, à vingt-neuf ans, lors de la naissance de leur cinquième enfant. Elle laissa des enfants en bas âge. Maximilien avait sept ans, Charlotte cinq. Henriette quatre ans, et Augustin à peine deux ans, était le plus jeune. Il semble que le décès de sa femme a laissé François de Robespierre dans une peine inconsolable, il a quitté la ville et disparu. Les enfants étaient orphelins. Les deux sœurs ont été recueillies par les sœurs de leur père, quant à Maximilien et à Augustin, ils ont été élevés par les grands–parents maternels.

– Je vous remercie. Je vais maintenant procéder à la présentation des faits reprochés à l'accusé et indiquer pour le jury les éléments à charge et à décharge. Je vais aussi rappeler ses droits et ses devoirs. En ce qui concerne ses droits, il est nécessaire d'indiquer de nouveau qu'il est absent du procès, cela revient à un jugement par contumace, mais il sera défendu. Tenant compte de la qualité oratoire de notre confrère Paul Vergès, qui le défend, je vais autoriser durant ce procès les interpellations de notre procureur Monsieur Giscard d'Estaing aux dires et aux déclarations de l'avocat de la défense durant les

moments où il prendra la parole. Messieurs, êtes-vous d'accord ?
Bien, procédons à l'énoncé de l'acte d'accusation.

Chapitre 4.

Première séance du tribunal, lundi 10 décembre 1956.

Lecture de l'acte d'accusation.

– Maximilien de Robespierre est accusé d'avoir organisé par la loi du 10 juin 1794, dite loi du 22 prairial an II, qui réorganisait le tribunal révolutionnaire, d'avoir, sur sa seule volonté et action, initié la période dite de la grande terreur en privant les accusés du droit de défense et de recours qui étaient auparavant permis. À ce titre, nous l'accusons d'homicide avec préméditation, et donc d'assassinats, et de crimes contre l'humanité. Ce texte de loi, rédigé par ses soins, décrétait que les choix possibles par le tribunal étaient soit l'acquittement soit la mort. La définition qu'il introduisait sur la notion « d'ennemis du peuple » permettait ainsi toutes les dérives puisqu'il ne se basait que sur les seules notions vagues « d'inspirer le découragement, de dépraver les mœurs ou d'altérer les principes de la Révolution », sans que rien ne puisse définir ce que signifiaient ces notions. De plus cette loi supprimait tout interrogatoire, toute défense de l'accusé par un avocat ainsi que l'audition des témoins à décharge. Nous avons retenu la notion de crimes contre l'humanité par le nombre de condamnations, 1376 exactement. Ils ont été prononcés après le vote de cette loi le 10 juin 1794 jusqu'au 27 juillet 1794, date de la destitution de l'accusé, soit plus de condamnations à mort durant ces six semaines, que les deux années précédentes. Nous accusons également Maximilien de Robespierre, de crimes contre l'humanité, faisant référence à l'article 7 du statut de Rome de la Cour Pénale Internationale dont je vous donne lecture : « on entend par crime contre l'humanité le meurtre commis par une attaque généralisée contre une population civile en vue de la détruire ». La notion de torture n'a pas été retenue du fait que l'accusé n'a pas participé directement aux interrogatoires du tribunal révolutionnaire.

– Monsieur le Président, l'avocat de la défense que je suis, s'insurge contre cette notion évoquée, de crimes contre l'humanité, car soit le tribunal la retient et cette juridiction est alors incompétente pour la juger, et c'est au tribunal international de la Haye de juger Maximilien de Robespierre, soit on la raye de l'acte d'accusation.

– Monsieur l'avocat général, qu'en pensez-vous ?

– Monsieur le Président, pour justifier les décisions qui seront prises par le tribunal et éviter toutes contestations futures, nous abandonnons la mention de crimes contre l'humanité. Nous ne retiendrons que les 1376 condamnations à mort prononcées par le tribunal révolutionnaire durant la période du 10 juin au 27 juillet. Ces condamnations sont la conséquence de la loi du 10 juin, voulues et présentées à la Convention par l'accusé. Le ministère public poursuit Maximilien de Robespierre pour meurtres avec préméditation.

— Bien, le tribunal ne retiendra que cette accusation. Vous devez nommer précisément les victimes.

— De nouveau, je m'insurge contre les termes employés, et notamment la préméditation, car Robespierre ne pouvait pas imaginer à l'avance que cette loi conduise à des peines capitales.

— La remarque de l'avocat de la défense est retenue et consignée. Monsieur le procureur, vous avez la parole.

— Bien, faisant suite à la difficulté de retrouver l'ensemble des actes d'accusation de ces 1376 personnes et surtout de pouvoir citer tous les témoins de ces procès nous allons ne retenir que les noms suivants qui sont certifiés par les documents que nous déposons devant ce tribunal et la cour.

En voici la liste ! Le 17 juin 1794, faisant suite à une soi-disant conspiration de l'étranger, 54 personnes dont Jeanne-Louise-Françoise de Sainte-Amaranthe, sa fille de 20 ans et son fils de 17 ans, ainsi que Cécile-Aimée Renault et les membres de sa famille, pour une soi-disant tentative d'assassinat sur la personne de Robespierre. Le 24 juin 1794, faisant suite à la conjuration des prisons, 24 personnes, et le 25 juillet 1794, faisant toujours suite à la conjuration des prisons, 25 personnes.

– Et pourquoi, Monsieur l'avocat général, ne pas citer les 22 personnes assassinées le 28 juillet dont Maximilien Robespierre et son frère, les 73 personnes du 29 juillet, et les 37 personnes du 30 juillet 1794, toutes assassinées après le 25 juillet.

– Monsieur l'avocat de la défense, vous n'avez pas la parole, attendez votre tour pour répondre.

– Mais, Monsieur le Président, c'est tout le système que nous devons juger, toute la révolution, car les exécutions, enfin les meurtres, comme le précise Monsieur l'avocat général, ne se sont pas arrêtés à la mort de Robespierre, ils se sont poursuivis après.

– Vous citez les personnes qui ont été condamnées avec Robespierre pour la terreur qu'ils avaient instaurée.

– Faux, je peux vous citer les 15 personnes du 7 mai 1795, soit dix mois après sa mort. De plus je demande l'annulation pure et simple de l'acte d'accusation, les historiens ont établi que c'est bien Aristide Couthon, le rédacteur de la constitution de l'an I et le rapporteur de cette loi. Qui fut l'inspirateur et le rédacteur de cette loi et non Robespierre.

– Monsieur le Président, je m'insurge de cette tentative de détourner sur Couthon la responsabilité de Robespierre.

– Messieurs, avant même d'énoncer devant la cour et le jury les faits à charge et à décharge, je pense qu'il est important qu'un historien émérite nous éclaire sur cette période de notre histoire, sur les différents comités et Assemblées qui existaient et sur la place de Maximilien de Robespierre dans les arcanes des différentes institutions de la révolution.

Chapitre 5.

Maximilien de Robespierre, rue Saint-Honoré
Le 12 messidor an II (30 juin 1794)

Il faut que je continue d'écrire.

Ce ne sont pas des mémoires ou un testament ou des pensées. Non, rien de tout cela ! Simplement des écrits sur ma vie qui m'aident à mettre de l'ordre dans mes idées, à réfléchir à ce qui s'est passé durant ces années, peut-être aussi à comprendre ce qui n'a pas fonctionné, non pas dans mes intentions, elles étaient pures, mais dans mes actes.

C'est en 1783 que je fus accueilli à la société des belles lettres d'Arras. Je le voulais. Mon ami Buissart m'avait introduit et recommandé. Durant ces années heureuses, j'ai publié quelques écrits qui me valurent des succès d'estime et parfois même des prix. J'ai passé beaucoup de temps dans cette société de lettres. En 1787, je fus membre d'un cercle poétique, les « Rosati d'Arras ». Je me mis à écrire sans relâche de la prose et de la poésie. Et c'est ainsi que je devins président de l'académie de la société des belles lettres.

Quand je parle de mon ami Buissart, je devrais dire mon ancien ami. Et pourtant, nous étions proches.

C'est lui qui m'aida lorsque je fis mon installation à Arras, après mes années d'étude à Paris. C'est lui qui, en tant qu'avocat depuis des années au conseil d'Artois et faisant partie de la riche aristocratie de la ville, me fournit mes premiers clients. C'est lui qui me nomma à Monsieur Devissery, pour son affaire de paratonnerre. La gloire de ce procès associa nos noms dans tout le royaume, nous avions défendu la science et ses découvertes. De vingt ans mon aîné, je le considérais comme un ami certes, mais aussi comme un grand frère, presque le père que je n'avais que fort peu connu. Par la suite, et durant toutes ces années à Arras, notre amitié grandit. Je fréquentais assidûment son salon littéraire, rue des Coclipas, où il recevait toute la société lettrée de la ville.

C'est aussi à lui que je dois ma nomination en tant que député du Tiers, aux états généraux. Il fut l'un de mes ardents défenseurs, et pria de nombreux amis de me désigner. Après mon élection en avril 1789, je partis quelques jours plus tard pour Versailles. Durant les premiers mois de mon séjour dans cette ville, puis sur Paris, je continuais à correspondre régulièrement avec celui que je persistais à désigner comme mon ami.

Mon travail par la suite ne me permit plus de correspondre aussi souvent, et c'est mon frère Augustin, venu me rejoindre en septembre 1789, qui se chargea d'écrire, de donner des nouvelles et de décrire les idées de la révolution qui se propageaient. Il recevait en échange les informations de notre ville. Par la suite, Buissart devint juge de paix d'Arras. Mon frère continuait à correspondre avec lui. Mais les échos que je recevais de ma ville natale et les rumeurs que l'on me transmettait sur les agissements de mon ami me peinaient.

Certes, au début je les traitai avec mépris. Mais par la suite, elles devinrent fort nombreuses. Par la correspondance que mon frère recevait et qu'il me transmettait, notre ami d'Arras semblait faire partie des plus ardents révolutionnaires. Excessif souvent, incohérent parfois, il voulait détruire toute la bourgeoisie, oubliant qu'il en faisait partie. Il me semblait qu'il souhaitait nous donner les gages de sa pureté de citoyen acquis aux idées de justice et de liberté.

Mais, et je ne sais pourquoi, cela me semblait douteux, l'outrance peut-être ! Aussi, je ne le proposais pas comme membre du Comité de salut public de la ville, j'y nommais Herman, Daillet, Darté, Dubois du Fosseux et j'envoyai Joseph Lebon, né à Arras, comme représentant spécial de la Convention. Lebon fit un travail considérable, loin des excès de mon ennemi Armand Guffroy, originaire lui aussi de cette ville, et toujours prompt à accuser soit de modérantisme, soit de terrorisme, toute personne qui ne servait pas ses objectifs de pouvoir, de puissance et de fortune. Cet homme était comme moi avocat au conseil d'Artois. Élu à la convention comme député du Pas de Calais, il était de toutes les dénonciations, alors que je le soupçonnais de comploter avec les aristocrates partis se réfugier à l'étranger.

Mais revenons à mon « ami » Buissart, qui voulant imiter Guffroy, se mit, lui aussi, à vouloir emprisonner tous ceux qui n'étaient pas aussi « enragés » que lui. Comment un homme posé, savant et d'un caractère tranquille et doux devint-il aussi féroce ? Cela reste un mystère. Je savais qu'il était en correspondance avec ce Guffroy, dont je me méfiais de plus en plus, et qui réclamait des milliers de guillotines pour « purger » la France. Hebert, le journaliste le plus révolutionnaire fait figure de modéré, et de père tranquille, à côté de lui.

Ils devinrent mes ennemis. L'un, Guffroy, parce qu'il fut exclu du club des Jacobins, et que je ne fis rien pour le défendre. Et l'autre, Buissart, parce que je ne l'avais pas assez promu à des postes à responsabilité dans notre ville. Ils se rapprochèrent de plus en plus. Leur haine devenait au fil des mois, le ciment solide d'une amitié douteuse et calculée. Et c'est ainsi que mon « ami » Buissart envoya sa femme roder durant des mois autour de ma personne, pour me remettre les lettres qu'il écrivait sans cesse pour déconsidérer Lebon. Sa femme se rapprocha de ma sœur et c'est ainsi qu'elle transmit à son mari, et par là même à Guffroy, des renseignements sur les décisions du comité.

Continuant ses discours et ses appels malvenus, il fut écarté[4] du comité d'Arras et l'on m'avertit qu'il manœuvrait contre mon frère et moi, pour nous déconsidérer. Puis il se mit à calomnier et dénoncer Saint-Just, et Le Bas.

Mais ces deux citoyens-là ne furent pas les plus dangereux ! Non les plus dangereux furent bien les révolutionnaires les plus ardents, les membres les plus en vue de nos comités. Ils sont nombreux. Marc-Guillaume-Alexis Vadier, le président du comité de sûreté générale et Bertrand Barère dit Barère de Vieuzac, le rapporteur du Comité de salut public, sont sans aucun doute les plus sournois et les plus habiles. Les deux autres, Billaud Varennes et Collot d'Herbois ne sont que des suiveurs, inquiets certainement de leurs méfaits en tant que membre du Comité de salut public durant la terreur. Et puis les soi-disant patriotes, ils complotent tous pour notre chute, non pas à cause de nos idées ou de nos positions. Non ! Juste parce que nous voulons nous opposer à leurs desseins de pouvoirs, d'enrichissements, de vices et de forfaits.

Vadier, c'est le plus inhumain, mais le plus simple à comprendre. Surnommé le grand inquisiteur, il a reçu comme moi, l'instruction des jésuites. Je sais qu'il a été accusé de

---

[4] Il mourut le 24 mai 1820 à 83 ans, après avoir été distingué par le gouvernement de la restauration, tour à tour girondin, montagnard, thermidorien, bonapartiste et royaliste en fonction des situations.

malversations dans la gestion de ses biens. Il a siégé avec les constitutionnels, puis avec les jacobins puis il est devenu un membre influent de la Montagne, au point de devenir, à partir de septembre 1793, le président et le doyen du Comité de sûreté générale. C'est lui qui a dénoncé les malversations de Fabre d'Églantine, de Chabot et de leurs complices, tout en fabriquant les preuves. C'est lui qui est à l'origine de la chute des Girondins, aidés en cela par la commune et les sections révolutionnaires. C'est lui qui a provoqué le procès des Dantonistes. C'est lui qui est à l'origine de la mise à mort de Camille Desmoulins. C'est lui qui a fait traduire devant le tribunal révolutionnaire, des habitants de la ville de Montaut, là où il possédait ses terres et notamment ceux qui se sont opposés à ériger ses terres en seigneurie. C'est lui qui a fait accuser son ancien avocat Darmaing, qui avait perdu son procès. C'est lui qui les a tous fait exécuter. C'est lui qui a été un partisan de la répression de prétendues mutineries de prisonniers qui ne reposaient que sur des témoignages de condamnés à mort en sursis, et à qui on avait promis la vie sauve s'ils « dénonçaient leurs complices ». C'est lui qui a approuvé le projet de Barère de faire fusiller tous les prisonniers de guerre. C'est lui qui a présenté le rapport sur la prétendue conspiration de Batz, qui a abouti à l'exécution de cinquante-quatre personnes. C'est lui qui a présenté à la Convention un dossier constitué de fausses preuves, contre la folle et dévote Catherine Théot, qui aurait voulu « créer un culte à ma personne ». C'est lui qui a constitué le dossier truqué contre Cécile Renault, qui aurait voulu me tuer. C'est lui qui me poursuit de ses insinuations à la Convention. C'est à lui que je dois cette infamie.

Marc-Guillaume Vadier

Chapitre 6.

Première séance du tribunal, lundi 10 décembre 1956.

Audition de l'historien Henri Guillemin

– Monsieur veuillez vous présenter à la cour !

– Monsieur le Président, je me nomme Henri Guillemin. Je suis né le 18 mars 1903 à Mâcon. Après mes études, je fus enseignant au lycée puis à l'université de Bordeaux. Résistant, dénoncé, j'ai fui la France en 1942 et j'ai dû me réfugier en Suisse. Après être rentré en France à la libération, je devins attaché culturel à l'ambassade de France en Suisse. Je suis conférencier et je prépare en ce moment des émissions pour la télévision suisse romande, notamment sur Napoléon et la Révolution française.

– Pourriez-vous en peu de temps nous décrire les institutions qui ont prévalu en France de 1792 à 1794.

– Il faut d'abord remonter en 1789, Monsieur le Président. Le 5 mai 1789, le Roi de France Louis XVI ouvre l'Assemblée des états généraux. Le 17 juin, sous l'influence du Tiers état qui représente seulement un tiers de cette Assemblée, mais 99 % de la population, et aidés par quelques membres de la noblesse et du clergé, les états généraux se proclament Assemblée nationale et représentant le peuple français. Le 20 juin, elle décide, et malgré l'interdiction du Roi, de donner à la France, une constitution. Début juillet, le peuple de Paris entre en rébellion et le 14 juillet, la Bastille est investie, sa garnison massacrée, le pouvoir royal est directement contesté, mais pas la personne de Louis XVI.

– Pensez-vous que la France aurait pu s'installer dans une monarchie parlementaire comme en Grande-Bretagne ?

– Très certainement, et ce fut le cas de la première constitution, Monsieur le Président, sauf que la noblesse et le monarque lui-même n'en voulaient pas. Dès le mois de juillet 1789, certains grands nobles dont le frère de Louis XVI, le comte d'Artois et le prince de Condé quittent la France. Le 4 août, l'Assemblée vote la fin des privilèges de la noblesse et du clergé. Le 26 août, elle vote la Déclaration des droits de l'homme et du citoyen. Le Roi s'oppose à l'abolition des privilèges. La famine commence au début de l'automne 1789. Les biens et les terres de l'Église sont saisis pour renflouer les caisses de l'État. L'Assemblée prend le nom de constituante. Robespierre en devient le président le 31 mars 1790. On crée les départements, on vote la constitution civile du clergé, offrant à ses membres un salaire, en contrepartie de la saisie de leurs biens.

– C'est à ce moment que les nobles et les membres du clergé s'opposent à l'Assemblée ?

– Non, c'est après la décision du pape de considérer que le texte de la constitution civile du clergé est hérétique. Il dit vouloir excommunier les prêtres qui prêteraient serment à celle-ci. Le pape de l'époque, Giannangelo, comte de Braschi, est un noble de la région de Romaine, élu grâce à l'appui de l'église de France. Il voit avec la constitution civile du clergé, son pouvoir directement contesté. Louis XVI, très pieux, commence à comploter contre l'Assemblée et tente de quitter la France avec sa famille en juin 1791. Il est arrêté à Varennes, et reconduit aux Tuileries. C'est à partir de ce moment que la ferveur monarchiste du peuple s'effrite. On parle de trahison. Des députés demandent sa destitution et la proclamation de la République. Malgré cela, les soutiens de la royauté sont encore nombreux et on voit même le 17 juillet 1791, les gardes nationaux de La Fayette tirer sur des manifestants, qui revendiquent la proclamation de la République, au champ de Mars. Il y a plusieurs dizaines de morts, Danton et Marat s'enfuient en Angleterre. Robespierre reste en France, il considère qu'il est encore trop tôt pour juger la royauté. Il prône la fermeté et le respect du droit pour éviter l'anarchie, cela sera toujours sa ligne de conduite.

– Je ne comprends pas Monsieur Guillemin, il est à cette époque, contre la destitution du monarque ?

– Non Monsieur Hernu, il est contre le procès du Roi, mais comme beaucoup de députés à l'époque, son opinion va évoluer avec le temps et les circonstances. Et puis, c'est surtout le trait principal de sa personnalité, c'est un légitimiste. Puisque la constitution de l'époque ne permet pas le jugement, il est contre. Notez bien cette position. Elle guidera toute sa vie par la suite, il sera toujours fidèle à la loi et à la constitution.

– Même si cela ne lui convient pas ?

– Oui, le respect de l'ordre est très certainement pour lui le garant de la liberté de tous. Personne ne doit contrevenir à cela, surtout pas lui.

– Poursuivez, Monsieur Guillemin !

– Oui, Monsieur le Président. Le 1er octobre 1791, une constitution est proclamée, elle inaugure une monarchie constitutionnelle à l'anglaise. Les lois sont rédigées et votées par l'Assemblée législative qui en prend le nom. Mais celle-ci est sans expérience.

– Pourquoi ?

– Sur proposition de Robespierre, les députés de l'ancienne Assemblée ne peuvent se représenter et être élus dans la nouvelle Assemblée. Toujours cette volonté chez lui de l'intégrité, il ne faut pas cumuler les mandats, les pouvoirs et de ce fait les dérives possibles.

– Je proteste, Monsieur le Président, le témoin prend parti.

– Monsieur Guillemin, veuillez ne pas émettre une opinion sur l'accusé et continuer à nous présenter les faits, uniquement les faits. Cependant, Monsieur Giscard d'Estaing, si ces mêmes principes étaient de nos jours appliqués, beaucoup de nos confrères ne seraient pas présents dans cette législature, et certains n'essaieraient pas d'être élus uniquement pour profiter des avantages de la fonction. Poursuivez, Monsieur !

– Bien, Monsieur le Président, mais je souhaitais simplement éclairer ce trait de caractère de Robespierre pour comprendre ce qui va se passer par la suite. Les anciens députés ne quittent pas Paris et font partie des nombreux clubs qui fleurissent dans Paris. Louis XVI, quant à lui, refuse la constitution et fait tout ce qu'il peut pour mettre son veto aux lois proposées par l'Assemblée législative. Car il possède ce droit, la constitution le permet, et il s'en sert abondamment. La vie politique et la France sont alors bloquées. Il continue à exercer les pouvoirs exécutifs, car la Constitution lui permet aussi de nommer les ministres des domaines régaliens. C'est à partir de mars 1792, que les Girondins vont devenir ses alliés effectifs.

– Vous plaisantez, Monsieur, le Roi de France et les Girondins !

– Oui, Monsieur Fourcade, cela paraît incroyable et pourtant ils s'opposent fortement sur la plupart des sujets, sauf un et c'est pour cela que Louis XVI les appelle au gouvernement. On les dénomme à l'époque, les Brissotins, du nom du plus célèbre de leur orateur, Jacques Brissot, ils prendront le nom de Girondins plus tard, sous la plume de Lamartine. Brissot est un républicain convaincu, mais c'est aussi un va-t'en guerre. Il veut exporter les idées de la Révolution française à travers l'Europe et déclarer la guerre à l'Autriche et par là même à toute l'Europe. Louis XVI appelle ses partisans au gouvernement, il nomme Roland à l'Intérieur, Clavière aux Finances, Dumouriez aux Relations extérieures, Duranthon à la Justice et Servan à la Guerre. En fait, Louis XVI veut aussi la guerre, mais pas pour les mêmes raisons. Lui, il pense que les armées françaises seront vaincues et que cela lui permettra de reprendre tous les pouvoirs royaux avec l'aide des armées étrangères.

– Et comment le sait-on ?

– Très simple Monsieur le Président. Au milieu de l'année 1792, un artisan serrurier François Gamain informe le ministre de l'Intérieur Roland, qu'il a, sur demande de Louis XVI, aménagé une armoire secrète qu'on appellera par la suite l'armoire de fer. Elle est placée dans un mur d'une pièce des Tuileries où loge la famille royale, et fait office de coffre-fort. Toute la correspondance secrète du Roi y est dissimulée. Je vais résumer les découvertes que l'on fit. Cette correspondance démontrait la mise en place d'une diplomatie et d'une police parallèle, ainsi que l'existence d'un énorme réseau de corruption qui avait été mis en place dès le début de 1791 pour « payer » des députés, des meneurs, des orateurs, des écrivains et des journalistes. On a supposé par la suite qu'une bonne partie de cette correspondance secrète avait été détruite, peut-être sur ordre du ministre de l'Intérieur Roland. Elle devait mettre en cause certains de ses amis. Néanmoins, le 20 novembre 1792, il dépose ce qu'il en reste sur le bureau de la Convention Nationale, qui avait succédé à partir de septembre 1792 à l'Assemblée législative. Cela conduira au procès de Louis XVI.

– Ce n'est donc pas la fuite du Roi en 1791 qui a provoqué son procès ?

– Non, c'est la découverte de sa correspondance secrète, et surtout celle avec les puissances étrangères, qui va précipiter les évènements. Plusieurs mois seront nécessaires pour classer les papiers et le procès va s'ouvrir début 93. Par contre sa fuite servira d'élément à charge dans le procès[5].

---

[5] Il faut noter que le testament politique de Louis XVI, découvert après sa fuite, ne fut jamais rendu public à l'époque, mais servira de pièce à conviction

– Revenons, si vous le voulez bien à la nomination des Girondins par Louis XVI.

– Oui, le 20 avril 1792 et sur proposition de celui-ci, la guerre est déclarée à l'Autriche. Louis XVI menace publiquement les monarques de Saxe et d'Autriche tout en leur demandant secrètement de ne pas en tenir compte. Robespierre est contre la guerre, il pressent qu'elle ne fera qu'amener des problèmes supplémentaires à la France. Son avis est partagé par d'autres membres de ceux qu'on appellera les Montagnards, comme Danton, Marat, Billaud-Varennes, Camille Desmoulins, Collot d'Herbois, tous convaincus que la Révolution doit, pour rester elle-même, garder un caractère pacifique. Une haine farouche va alors opposer les Girondins et les Montagnards. Le troisième groupe présent dans cette Assemblée, puis à la Convention qui sera élue plus tard, c'est ce qu'on appellera le Marais ou la Plaine. C'est de loin le groupe le plus important et il fera pencher la balance d'un côté ou de l'autre, en fonction des circonstances.

– Que se passe-t-il après la déclaration de guerre ?

– Comme on pouvait s'y attendre, c'est une catastrophe, l'armée française est exsangue, à cause ses défections. Elle est

---

durant le procès. Disparu, il a ensuite été « redécouvert » en 2009, dans un fond privé américain.

passée de 150.000 hommes à 80.000 hommes. Les officiers ont fui la France et sont devenus des émigrés. Le début du conflit est désastreux pour la France. Une partie du pays est envahie. Évidemment, le Roi met son veto à la levée de bataillons supplémentaires. Le 13 juin 1792, il pousse à la démission les ministres issus de la Gironde et nomme à leur place des Feuillants.

– Des quoi ?

– Oh, pardon Monsieur le Président, les Feuillants sont les partisans de la monarchie constitutionnelle. Ils se sont constitués en juillet 1791 à partir d'une scission au sein des Girondins, qui eux, continuaient à vouloir la République. Louis XVI apparaît de plus en plus pour les Parisiens comme un traître qui veut la victoire des puissances étrangères, la fin de la Révolution, et le rétablissement de la monarchie absolue. Le 20 juin 1792, le peuple envahit les Tuileries, réclame le retour des ministres Brissotins et la levée des vétos du Roi. Mais Louis XVI ne cède pas. Cette manifestation et sa fermeté provoquent un mouvement de réaction en faveur de la monarchie. On demande moins de liberté et la reprise en main de la Garde Nationale. La Fayette devant l'Assemblée, demande des poursuites pour « les fauteurs de troubles ». La révolution est en train de basculer.

– Que voulez-vous dire ?

– Après cette journée du 20 juin, ce que l'opinion garde en souvenir, c'est l'humiliation du Roi qui est « obligé » de coiffer le bonnet phrygien et de boire à la santé de la révolution. Mais en fait, il ne cède rien, ni sur les décrets ni sur le changement de ministres, il démontre ainsi une force tranquille et inébranlable, bien loin des futurs clichés de l'histoire. Cela entraîne un retournement de l'opinion en sa faveur. L'opposition monarchiste grandit, les troupes fidèles à La Fayette se massent à Compiègne et celui-ci demande au Roi de se mettre sous sa protection, puis il marchera ensuite sur Paris. Mais Louis XVI espère mieux. Il pense que la révolution va s'effondrer. Il ne veut pas d'une monarchie constitutionnelle sans un réel pouvoir et un droit de veto absolu et non relatif. D'ailleurs, certains Girondins se sont rapprochés de lui et lui proposent de le soutenir. Mais un événement va faire tout basculer. Le 25 juillet, le duc de Brunswick indique dans un manifeste, certainement en accord avec Louis XVI et des députés girondins, qu'il tient le peuple pour responsable s'il arrive quelque chose au Roi de France. En fait ce texte, surtout rédigé par des nobles français réfugiés à Coblence à l'effet inverse. Le peuple rejoint les plus virulents des Jacobins et le 10 août, il envahit de nouveau les Tuileries, massacrant la garde royale et emmenant toute la famille royale en prison, au donjon du Temple. Lors de cette « invasion », on met à jour les premières lettres de sa correspondance secrète, dissimulées dans cette armoire de fer.

Dans la foulée, l'Assemblée vote la « suspension » du Roi, convoque une Convention Nationale pour pouvoir prendre toutes les mesures nécessaires pour garantir au peuple la liberté et l'égalité. La royauté n'existe plus, c'est le début de la République.

– Monsieur le Président, je souhaite poser quelques questions à Monsieur Guillemin.

– Faites Monsieur Giscard d'Estaing, faites !

– Monsieur vous avez parlé de massacres lors de la journée du 10 août, vous pouvez développer ce que vous entendez par ce mot.

– Oui, Monsieur l'avocat général. Les émeutiers pénètrent dans le bâtiment des Tuileries, par une porte laissée ouverte près de la cour du Carrousel. Les Gardes Suisses tirent, beaucoup de manifestants sont tués. Ils évacuent la place. Mais de nouveau un groupe de volontaires Marseillais pénètre dans la salle et le combat reprend. Sur demande du Roi, les Suisses arrêtent de tirer et doivent regagner leurs casernes. C'est alors le massacre, près de six cents gardes et deux cents nobles et serviteurs sont tués.

– C'est donc Louis XVI qui, pour éviter une effusion de sang, demande aux Gardes Suisses de regagner leurs casernes.

– Oui, on a gardé dans les archives de l'Assemblée nationale, cet ordre de Louis XVI. Mais cet ordre ne fut pas exécuté de suite par les Gardes Suisses. La bataille a continué à faire rage, débordés par les révolutionnaires et les Marseillais, c'est alors qu'ils veulent se rendre, mais la foule les massacre.

– Qui sont ces volontaires Marseillais ?

– L'Assemblée avait voté une loi pour lever de nouveaux bataillons à travers toute la France, 20 000 « fédérés » devaient rejoindre les armées françaises battues un peu partout sur les frontières du pays. Louis XVI avait mis son veto, mais Charles Barbaroux, un député représentant Marseille, écrit au maire de cette ville pour lever un bataillon de volontaires qui, je cite « sauront mourir pour les idéaux de la révolution ». Ces volontaires marseillais, un peu plus de 500 hommes, partis de leur ville début juillet, arrivent à Paris le 29 juillet. Ils sont attendus avec impatience par les patriotes, Robespierre en tête. Ils doivent défendre Paris face aux troupes de La Fayette. Le 30 juillet, ils s'opposent aux grenadiers royaux aux Champs de Mars. Ce sont eux qui chanteront à travers les routes de France, le « Chant de guerre de l'armée du Rhin » qui deviendra par la suite « La Marseillaise », nom donné par le peuple de Paris à cette chanson…

– Parlons maintenant des massacres de septembre 1792.

Chapitre 7.

Première séance du tribunal, lundi 10 décembre 1956.

Poursuite de l'audition de l'historien Henri Guillemin.

– Messieurs en tant que Président de cette cour, je sais pertinemment que le procès ne se déroule pas tout à fait dans les règles du code de procédure pénale, mais nous allons nous en contenter. De plus, et devant le grand nombre de nos confrères députés ici présents, je vous demande à tous, de moins manifester vos états d'âme et de faire preuve d'un peu de silence lors des auditions. Et cela est aussi valable pour vous Monsieur Duclos, je n'hésiterai pas à faire évacuer par les huissiers présents, les députés qui manifestent ou parlent durant les débats. Bien, reprenons sur la dernière question de Monsieur l'avocat général, répondez Monsieur Guillemin.

– Oui, début septembre 1792, un massacre a eu lieu dans les prisons de la capitale et aussi dans certaines prisons de province. On a nommé cet événement le « complot des prisons », même s'il n'y a eu complot que dans l'imaginaire du peuple, complètement paniqué après l'arrestation de la famille royale. Il est vrai qu'une partie de la France est envahie par les armées austro–prussiennes, et les rumeurs d'un possible massacre des révolutionnaires par les sympathisants royalistes font naître cette peur qui pousse les foules à envahir les prisons et à assassiner les royalistes qui avaient été arrêtés en fort grand nombre après le 10 août. On pense qu'il y eut 1300 prisonniers massacrés à Paris et près de 200 dans le reste de la France. C'est à ce moment que l'anarchie s'installe. L'Assemblée est dissoute, nous sommes au cœur du déroulement des élections de la future Convention, le gouvernement n'existe plus. La seule autorité plus ou moins élue est la commune de Paris, qui a vu le jour en 1789. Elle reste, à cette date, une Assemblée légale. Après le 10 août, elle prend le nom de commune insurrectionnelle, dirigée par Huguenin, puis par Danton. C'est elle aussi qui obtiendra en mars 1793, la création du tribunal révolutionnaire chargé de juger les suspects, et de destituer les députés Girondins en mai 1793. C'est aussi elle, qui instaure la terreur en septembre 1793. Elle est en charge de la police et de l'arrestation des suspects. Elle est par la suite dominée par les membres les plus influents du Comité de salut public. Créé au printemps 93, ce comité est la première tentative de gouvernement décidé par la Convention, l'Assemblée élue à la fin de l'année 92.

– Une dictature, donc ?

– Non, les membres du comité sont élus tous les mois. Ils font partis des dix–huit autres comités, nommés toujours par la Convention et qui pourraient s'apparenter à des ministères comme les finances, la guerre, l'instruction civique, et bien sûr le comité de sûreté générale, en charge de la justice. Le Comité de salut public voit ses pouvoirs renforcés devant la situation dramatique d'avril 1793, l'invasion du pays et la guerre civile. Il est alors composé de neuf membres, en charge de la coordination des autres comités, mais surtout de la défense intérieure, on est en pleine guerre civile, et de la défense extérieure.

— Quels sont les liens entre les différents comités ? C'est assez nébuleux !

— Comme je vous l'ai indiqué, le Comité de salut public, c'est en quelque sorte le gouvernement de la République. Le comité de sûreté générale, qui remplace le comité de surveillance crée fin 1791 pour surveiller le recrutement des émigrés, est constitué après la journée du 10 août 1792, pour répondre aux dangers qui menacent la révolution. Ses pouvoirs sont petit à petit renforcés et il devient au printemps 93, un véritable ministère de la terreur. Il dirige alors également la police en plus de la justice. Il délivre les mandats d'arrêt et envoie les suspects au tribunal révolutionnaire pour les juger. Avant la création du Comité de salut public, il est l'organe de gouvernement le plus puissant. Le Comité de salut public, lui, a été voulu par Robespierre pour diminuer l'influence du comité de sûreté générale, qui siège depuis le milieu de l'année 92. La plupart des membres du comité de sûreté générale vont s'opposer à Robespierre et ses amis. On parlera même de « guerre des comités », notamment lorsque les robespierristes créent un bureau de police qui leur est directement rattaché, pour diminuer l'influence de la sûreté générale.

– Vous avez parlé de guerre civile ? C'est la guerre de Vendée, les chouans ?

– Oui, Monsieur le Président, mais il s'agit aussi, de bien plus que cela. Bien sûr tous les paysans de l'ouest de la France, des départements bretons et vendéens de Brest à Nantes se sont soulevés, mais aussi le sud de la France de Lyon à Marseille…

– Revenons à ces massacres de septembre 1792. Ont-ils été un mouvement organisé ou spontané ?

– Les historiens sont partagés. La majorité penche pour un mouvement de foule spontané. Cependant certains propos, notamment de Danton ont pu favoriser la haine de la foule. Ces propos concernaient les invasions ennemies aux frontières. Les journaux ont aussi joué un rôle dans ce mouvement par les articles à charge et souvent haineux sur les royalistes emprisonnés, mais qui seraient prêts à se soulever si les bataillons ennemis envahissaient Paris. Le mouvement spontané n'a pas été brisé net par la fermeté des leaders révolutionnaires. On a laissé la foule se déchaîner.

– Quel a été le rôle de Robespierre ?

– Monsieur l'avocat général, c'est la dernière fois que je vous laisse interrompre le témoin. La prochaine fois, je vous interdirai de poser des questions au témoin. Continuez Monsieur Guillemin !

– Monsieur le Président, je souhaitais vous faire remarquer que nous sommes ici pour le procès de Maximilien de Robespierre, et non pour éclairer les méandres de la Révolution française !

– Monsieur le Président, en tant qu'avocat de la défense, je remarque que ces précisions sont importantes pour éclairer les choix qu'a pu faire mon client par la suite, pour défendre la France.

– Messieurs, c'est moi qui dirige les débats, et non vous ! Continuez, Monsieur à répondre aux questions !

– Si vous le permettez et pour éclairer cette partie de l'histoire, je voulais revenir sur l'épisode de la fuite de Louis XVI et son arrestation à Varennes. Robespierre, ayant été élu Accusateur Public de Paris, l'équivalent de notre Procureur général, tient un discours à l'Assemblée où il réclame le 14 juillet 1791, non pas le procès, mais la déchéance de Louis XVI. Je pense qu'il avait compris qu'en cas de guerre avec la Prusse et l'Autriche et de défaite de la France, le Roi serait de nouveau tout-puissant. Il est certainement le premier à penser que Louis

XVI jouait un double jeu. En avril 1792, il démissionne de son poste d'Accusateur Public, il ne veut pas être compromis par ce qu'il pressent de la future justice, mais surtout…

– Que voulez-vous dire par « ce qu'il pressent de la future justice » ?

– Monsieur le Président, on peut penser ce que l'on veut de Robespierre, mais il y a une chose que même ses pires ennemis lui concèdent, c'est son intégrité. Il pressentait que de nombreuses arrestations qui allaient suivre au nom de la sauvegarde de la Nation et de la République en danger seraient parfois dues à l'appât du gain, donc aux détournements des biens des accusés par les accusateurs.

– Vous voulez dire que les biens des personnes arrêtées et tuées étaient spoliés par les accusateurs ?

– Oui, bien sûr ! Il faut savoir que pour lutter contre cela, la commune de Paris dans sa séance du 19 septembre 1792 décide d'un arrêté proclamant que ses membres défendront le droit et la vie des personnes en prison. Dans la foulée, la Convention, qui vient d'être nouvellement élue, proclame une loi ou, dans son article 14, elle indique que l'accusateur public poursuivra toute personne qui se serait rendue coupable d'arrestation arbitraire, la peine étant de six ans de prison. Beaucoup, dans les mois précédant cette loi, s'étaient enrichis en détournant tout ou partie des biens des accusés ou simplement en se faisant payer par la famille pour la relaxe du détenu, notamment certains membres du comité de sûreté générale.

– Bien, revenons à Robespierre durant ces évènements.

– Il est attaqué de toute part, certains lui reprochent de défendre la royauté, d'autres de vouloir la détruire. En fait, sa position est simple, c'est d'abord un homme qui respecte la loi, donc la constitution, or à l'époque, elle ne permet pas de destituer le Roi, puisque c'est une monarchie constitutionnelle. Robespierre défend donc l'idée de dissoudre l'Assemblée et d'élire une nouvelle Assemblée, la Convention, qui votera nouvelles institutions, et si cette nouvelle constitution le permet, de destituer le monarque. Il en profite pour défendre et faire accepter le suffrage universel masculin. La précédente Assemblée était élue uniquement par les citoyens actifs, qui payaient des impôts, on appelait cela le suffrage censitaire, car ils payaient un cens, c'est-à-dire un impôt à partir d'un seuil d'imposition. Bref, la manifestation du 10 août accélère les propositions de Robespierre puisqu'on dépose le roi. Lui, ne participe pas à cette journée, tout comme Danton ou Marat. Les membres les plus actifs du club des Jacobins ne seront pas les meneurs de ces manifestations de foule, mais des témoins parfois bienveillants en les approuvant, sans y participer. C'est aussi une position ambiguë de Robespierre. Il est un farouche partisan de l'ordre et de la loi, et il se tiendra toujours éloigné de toute manifestation insurrectionnelle et de tous événements non conformes aux lois. Il s'en méfie et sait que cela peut déborder sur des événements graves par la foule qui peut devenir incontrôlable durant ces moments, mais il les approuve tacitement.

– Alors est-il impliqué même de façon indirecte dans les massacres ?

– C'est complexe. Le 17 août, on crée le tribunal criminel pour juger les défenseurs du Roi, on demande à Robespierre d'en prendre la direction, mais il refuse, dit qu'il ne peut être le juge de ceux dont il a été l'adversaire. C'est ainsi que son absence incite le tribunal à ne rien faire. On pourrait penser qu'il poursuit une volonté à ne pas juger les causes des défaites de la France face à la coalition extérieure. C'est cette inaction qui est peut-être bien à l'origine des massacres. Les gens des faubourgs, excités, venaient d'apprendre que Verdun s'était rendu après quelques jours de siège seulement, et que cela rendait la route de Paris libre aux armées ennemies, envahissent les prisons. Après quelques simulacres de procès, ils exécutent de nombreux prisonniers. Il faut ajouter que la rumeur d'un complot imaginé par les royalistes, arrêtés lors de la journée du 10 août, se propage dans les sections parisiennes. Il n'en faut pas plus pour le déclenchement de ces massacres.

– Robespierre les a-t-il désavoués ? Répondez par oui ou non !

– Non.

– A-t-il essayé de faire poursuivre les auteurs ?

– Non.

– J'en ai fini avec le témoin, Monsieur le Président, je laisse la parole à l'avocat de la Défense.

– Monsieur Guillemin, au moment des massacres des Gardes Suisses et des serviteurs du Roi, le 10 août 1792. Quelles ont été les paroles de Robespierre ?

– Monsieur Vergès, je ne pourrais les citer exactement, mais il prononce un discours à la tribune de la Convention le 5 novembre 1792 où il déclare qu'avant les massacres, il avait cessé de « fréquenter la commune et son Conseil général » et qu'il n'apprit « les massacres que par le bruit public et ce que disaient les citoyens ».

– Était-il sincère ?

– Difficile à dire, mais il fut mis en cause notamment par Pierre Vergniaud[6] qui présenta à la Convention une circulaire

____

[6] L'un des plus grands orateurs de la Révolution. Faisant partie des Girondins, il est guillotiné le 31 octobre 1792. C'est lui qui proclama la Patrie en danger lors d'un discours le 3 juillet 1792, et non Danton.

signée par Marat, mais aussi par Etienne-Jean Panis, l'un des inspirateurs de ces massacres et qui était aussi un proche de Robespierre. Panis était membre du département de police et de surveillance de la Commune, mais aussi commandant de la Garde Nationale. Il fut accusé avec ses complices Antoine Santerre et Antoine Sergent d'avoir détourné les biens des massacrés. Il fut mis en cause avec les autres par la commission d'enquête, dite commission des 24, de Charles Barbaroux, ce Girondin qui ne cessa d'accuser Marat et Robespierre des massacres de septembre 1792.

– Que devait faire cette commission ?

– Elle devait enquêter à partir d'octobre 1792 sur les violations de la loi, les arrestations et vols commis sur les condamnés avant et pendant les massacres de septembre. Elle rendit ses conclusions en mai 1793, elles étaient accablantes pour les membres du comité de surveillance de la commune de Paris. Le rapport mettait en cause tous les acteurs de ce comité et des députés de la Montagne pour vols, fausses déclarations, détournement de biens publics et autres malversations. Il était certainement à l'origine du coup d'État du 31 mai 1793 qui vit l'arrestation de la plupart des Girondins et leur exécution. Ce document montrait les rapines des citoyens Panis, Sergent, Lenfant, Cally, Jourdeuil, Duffort, Leclerc, tous membres de la commune, et il désignait les coupables ayant orchestré les massacres, à savoir Panis et Sergent.

– Le rapport mettait-il en cause nommément Robespierre ?

– Non, pas directement, mais il faut dire aussi que le rapport lui reprochait d'avoir presque « justifié » ces massacres, puisqu'il ne les avait pas ouvertement dénoncés, ni d'ailleurs Danton.

– Veuillez répondre, a-t-il oui ou non participé ou même signé un seul document qui incitait à perpétrer les massacres ?

– Non, aucun document.

– Merci, je n'ai plus de question.

Chapitre 8.

Maximilien de Robespierre, rue Saint-Honoré

Le 16 messidor an II (4 juillet 1794)

Je vais tout changer.

Je vais demander la punition des « traîtres », les Fouché, Tallien, Bourdon, Legendre, Barras, Vadier, Amar. Je vais demander le renouvellement des membres du Comité de sûreté générale, et la révision de son fonctionnement. Je vais demander de le subordonner au Comité de salut public. Je vais demander l'épuration du Comité de salut public lui-même. Je vais demander l'établissement d'une réelle unité de gouvernement sous l'autorité de la Convention nationale, qui sera enfin le centre et le juge de toute décision, permettant ainsi le rétablissement d'un état de droit et l'application de la constitution.

Moi, on ne me traînera pas devant les tribunaux. Je ne serai pas jugé. S'ils m'arrêtent, cela sera pour m'exécuter rapidement.

Mais je ne regrette rien, je ne me plains pas. J'ai accompli ce que je devais faire. Durant ces années, lorsque je plaidais à Arras, j'ai compris ce qu'étaient l'injustice et l'intolérance.

À mon arrivée à Versailles, je m'installais avec trois collègues dans une hôtellerie rue Sainte Elisabeth. Je pris contact avec Necker, le ministre de Louis XVI, qu'à l'époque j'admirais. Je fis la connaissance de Mirabeau, de Barère. Ce que l'on me reprocha rapidement, ce fut ma proximité avec le comte Charles de Lameth. Il avait mon âge, lui aussi était député de l'Artois. Nous avions sympathisé. À partir de mai, je pris la parole à la tribune de l'Assemblée, rarement au début, puis de plus en plus souvent. Mes prises de position me valurent de solides inimitiés, qui, par la suite, se transformèrent en antipathie, puis en haine. Mais pour être honnête, cela me valut aussi la reconnaissance. Je devins l'un des tribuns de la révolution, admiré par le peuple des faubourgs et des fabriques.

Pourtant, ce fut surtout mon discours contre l'instauration d'une loi martiale en octobre 89 qui regroupa mes opposants, notamment mon ancien professeur, l'abbé Royou, qui m'avait enseigné la philosophie. Ses positions ultraroyalistes et ses articles dans le journal qu'il dirigeait, l'ami du Roy, me désignèrent comme l'ennemi des conservateurs et des royalistes.

Quelques jours auparavant, un boulanger fut tué par le peuple qui mourrait de faim, leur colère avait débordé et ils avaient assassiné ce malheureux qui ne pouvait, hélas, pas fabriquer du pain sans farine. Des représentants de la commune avaient demandé à notre Assemblée, une loi martiale pour réprimander ce genre de trouble. La bourgeoisie par peur et craignant les rapines, s'était alliée avec la noblesse et le clergé pour réclamer aussi cette loi. On tombait dans la plus grande des erreurs, en pensant que nous, représentants de la nation, ne pouvions juger les crimes commis envers elle, et qu'il fallait instaurer une loi martiale qui viendrait anéantir la constitution que nous voulions instaurer.

De partout les conspirations contre l'Assemblée et les lois que nous votions, tentaient de nous réduire à néant. On tenta de m'acheter, de me corrompre. Mirabeau essaya, comme lui avait accepté d'être un corrompu des milieux royalistes. J'entendis dire par la suite qu'il avait proclamé qu'avec moi, c'était perdre son temps. J'étais dangereux, car je croyais ce que je disais.

Bel éloge !

C'est à la même époque, fin 1789, que je rejoignis la société des amis de la constitution, club situé près des Tuileries, dans le couvent des jacobins, rue Saint-Honoré. Il devint le club des Jacobins, avec Mirabeau, Pétion, l'abbé Grégoire, Alexandre de Lameth. C'est dans cette Assemblée que ma rupture avec Mirabeau fut consommée. C'est dans cette Assemblée que je m'opposai fermement à Brissot qui voulait faire la guerre à toute l'Europe. C'est aussi dans cette Assemblée que je combattis par la suite Danton. C'est enfin dans cette Assemblée que l'on complota contre moi, et que, je le sais inquiet de mon silence depuis des semaines, ils complotaient de nouveau pour m'abattre.

Durant toute cette période, le plus proche de mes amis fut sans aucun doute, Pétion. Ce n'est que bien plus tard, que je m'opposai à lui, et que nos opinions divergèrent grandement. Il s'agit d'un de mes plus grands regrets. Pétion, comme d'autres, appartenait à ces proches, avec qui je pouvais discuter, correspondre, partager. Mais, toujours la politique nous rattrapait et faisait qu'à la fin nous devenions des adversaires, voire des ennemis.

Ce fut le cas avec Barère, né à Tarbes, il est le fils d'une famille bourgeoise aisée de la région, élu député des états généraux. Je l'appréciais les premiers temps. C'est un des rares députés que j'invitais parfois à dîner chez les Duplay. Son comportement finit par m'irriter, mais je le défendais aux séances des Jacobins, où certains ne voyaient en lui, qu'un démagogue opportuniste. Il était maintenant chargé d'être, auprès de la Convention, le rapporteur du Comité de salut public. Je compris plus tard, que lui aussi, jouait le « déguisement» du patriote. Par peur, par opportunisme, ou par intérêt ?

Barère a tenté ces derniers jours de réconcilier les membres des comités. Mes amis Couthon et Saint-Just m'ont pressé d'accepter, mais je n'y crois pas. Impossible, les antagonismes ne peuvent être conciliés. Je veux que le Comité de salut public prenne plus de pouvoir et de prérogatives par rapport au comité de sûreté générale, car je me méfie de plus en plus des droits abusifs de cette police. Je me méfie de certains de ses membres. Je les soupçonne depuis longtemps d'utiliser leur position pour s'enrichir. Malheureusement, Vadier et Amar ont réussi à influencer des membres du Comité de salut public de refuser mes propositions. L'élément déclencheur, ce fut le culte de l'être suprême que je voulais promouvoir, au grand désespoir des anticléricaux des deux comités. Ils considèrent que ce n'est qu'une résurgence de la religion chrétienne. Mais je sais que c'est moi qui cristallise les passions, par mon influence et ma notoriété auprès du peuple.

Oui, moi ! Le culte de l'être suprême n'est qu'un prétexte pour m'attaquer et me ridiculiser.

Ah, Barère, je sais que tu adoptes une attitude attentiste, que tu tentes de jouer les conciliateurs. Tu attends dans l'ombre mon arrestation. Ensuite, tu prendras un décret pour me mettre hors la loi. Tu choisiras ton camp au moment opportun. Tu es la tête pensante de mes ennemis. Tu es un homme qui réfléchit depuis longtemps pour faire basculer la révolution dans la recherche de tes intérêts. Je te soupçonne aussi de comploter avec nos ennemis de l'étranger. Cela fait des mois que nous savons qu'un espion, faisant partie du Comité de salut public, renseigne les pays étrangers.

Bertrand Barère

Chapitre 9.

Seconde séance du tribunal, jeudi 13 décembre 1956.

Audition de l'historien Alain Decaux.

– Messieurs, de nombreux députés, ayant entendu les déclarations de l'historien Henri Guillemin, ont voulu que la cour puisse auditionner d'autres historiens sur les faits que nous avons évoqués, aussi je demande à Monsieur Alain Decaux de venir à la barre et de se présenter.

– Je me nomme Alain Decaux, je suis né le 23 juillet 1925 à Lille, après mes études, je suis devenu journaliste. J'ai écrit quelques livres sur cette époque de la Révolution française, j'anime une émission de Radio sur Paris Inter, « la Tribune de l'Histoire ».

– Monsieur Decaux, revenons sur la période de septembre 1792 et l'élection de la Convention, que se passe-t-il ?

– Robespierre et Danton sont élus, la Convention s'installe. Elle est constituée de deux parties opposées qui s'affrontent terriblement, les Montagnards, environ 200 députés et les Girondins, d'un nombre presque équivalent, 160 députés. Le plus grand nombre, le Marais, 389 personnes suivent l'un ou l'autre des groupes sur les décisions. En octobre, Danton propose de déclarer que la patrie n'est plus en danger et a renoncé aux mesures extrêmes et aux arrestations multiples. Mais il est minoritaire à l'Assemblée, sa proposition est rejetée.

– Était-il un modéré ?

– Il le deviendra durant l'année 93, après son remariage avec une jeune fille. Il est alors plus désireux de vivre son bonheur familial que de s'occuper des problèmes de l'état. Mais il fut, avant cette période, un farouche partisan de la méthode forte et de la terreur. Il soutient Robespierre, mais se désolidarise de Marat, qu'il trouve acariâtre, et insociable. Danton est alors attaqué sur la gestion de ses fonds, il est ministre de la Justice. Il est harcelé par Brissot, le chef de file des Girondins. Son influence est en forte baisse et c'est Robespierre qui devient à l'automne 1792, le chef de file de la Montagne. Danton veut s'éloigner de Paris et se fait envoyer en mission en novembre 1792 en Belgique, pour enquêter sur les besoins de l'armée du nord sous le commandement du Général Dumouriez. Il part alors que s'ouvre le procès de Louis XVI.

– Bien, avant de parler de ce procès, pourriez-vous nous préciser à quel moment le général Dumouriez a trahi la France, puis pourriez-vous revenir sur l'épisode de l'armoire de fer.

– Oui, Monsieur le Président. Charles–François Dumouriez, c'est le vainqueur de Valmy, qui éloigne le spectre de l'invasion de la France par la Prusse et l'Autriche. La bataille a lieu le 20 septembre 1792. Elle stoppe l'ennemi. La Convention qui vient d'être élue est confortée par cette victoire. Elle précipite la fin de la royauté et la proclamation de la première République. En fait cette bataille engagea peu les deux armées, elle fut surtout la victoire de l'artillerie française par sa supériorité et mit en déroute l'armée prussienne. Dumouriez est un partisan de la Révolution, proche des Girondins, il est ministre des Affaires étrangères. Au printemps 1792, il démissionne, reprend du service, pousse à la guerre contre l'Autriche et obtient le commandement de l'armée de Belgique. Mais tout en combattant les armées étrangères, il négocie avec le Roi de Prusse pour que celui-ci lui cède la Belgique avec un titre de Duc de Brabant. S'il trahit la France, c'est par intérêt personnel et non par conviction. Il bat les Autrichiens à Jemmapes, toute la Belgique est alors conquise et il défend l'idée que le pays devienne une République indépendante, en désaccord avec la Convention. Il rejoint Paris à la fin de l'année 1792 pour essayer de sauver Louis XVI dont le procès se poursuit. Il reprend la route du Nord, début 1793 et sans en référer à la Convention, il tente d'envahir la Hollande, alliée de l'Angleterre. C'est une défaite pour l'armée française, il est alors mis en accusation à Paris, qui le somme de venir s'expliquer. Se voyant arrêté et traduit devant le tribunal révolutionnaire, il s'allie au Duc de Saxe qui commande les armées de la coalition en Hollande. Il s'imagine renverser la Convention, libérer la famille royale et rétablir une monarchie. En avril 93, la Convention le suspend de son commandement, et les troupes françaises se retournent contre lui, il est obligé de fuir. Il devient un fugitif à travers l'Europe et devient même un espion de l'Angleterre en 1803, au moment de l'établissement du camp de Boulogne. Il aide le Portugal contre la France en 1808 et livre des plans de défense en 1814 au moment de l'invasion de la France. Pour ses actes d'espionnage, il est proscrit et il a interdiction de revenir en France par la décision de Louis XVIII. Il finit sa vie en Angleterre. C'est à partir de ces faits que prennent naissance les rumeurs d'abord, puis les certitudes de l'existence d'un réseau d'espions britanniques. Sous l'impulsion de son Premier ministre William Pitt, une lutte farouche, menée par les autorités de Londres, voit le jour en Grande-Bretagne, contre ceux qui soutiennent la Révolution française. Le gouvernement et la royauté britanniques ont peur de la propagation de ces idées sur leur territoire.

— Revenons maintenant à cette armoire de fer assez mystérieuse ?

— Oui, sa construction a été décidée par Louis XVI juste avant sa fuite en mai 1791. Il ne pouvait emporter sa correspondance. L'armoire est percée dans un mur, près de la chambre à coucher du Roi. Elle est fermée par une porte en fer, recouverte d'une couche de peinture imitant les pierres du mur. L'ouverture de la serrure est dissimulée dans les rainures de la pierre. Il est quasi impossible de la trouver ou de la deviner. Le serrurier qui l'a construite, François Gamain, est devenu entre-temps un partisan de la révolution. L'ayant appris, Louis XVI déménage une partie de sa correspondance, la plus compromettante, notamment celle avec Honoré–Gabriel de Riqueti.

– Qui est-ce ?

– Ah, Monsieur le Président, c'est le comte de Mirabeau ! Il était le conseiller secret du Roi, et à ce titre, était rémunéré. Madame Campan, une des femmes de chambre de la Reine, indique qu'elle a assisté à ce transfert de la correspondance et qu'elle a même reçu une partie de celle-ci pour la dissimuler. Gamain dévoile l'existence de cette armoire, qui est ouverte en novembre 92. On en fait un inventaire sommaire. Il est vrai que l'on a accusé le ministre de l'Intérieur Jean–Marie Roland d'avoir fait disparaître certaines pièces compromettantes pour lui et ses amis. Ce qu'il en reste constituera le neuvième livre du procès de Louis XVI.

– Parlez-nous du procès !

– Il commence le 10 décembre 1792, devant la Convention Nationale, qui s'auto-institue tribunal et accuse Louis XVI de conspiration contre la liberté publique et la sûreté de l'État.

– Finalement, la culpabilité était déjà votée ?

– Non, une majorité de députés était peut-être pour la déchéance, mais pas pour la condamnation à quelque peine que ce soit. Mais il se défend mal, très mal. Il dit tout ignorer de l'armoire de fer. On appelle alors à la barre François Gamain, qui donne nombre de détails sur la commande de Louis Capet, comme on l'appelle alors, pour fabriquer cette cache. On essaye une clé trouvée dans le secrétaire de Thierry de Ville-d'Avray, le valet de chambre du Roi, elle s'adapte à l'armoire. La Convention accorde cinq défenseurs à Louis XVI. Ceux-ci réfutent intelligemment, et notamment Malesherbes, de nombreux chefs d'accusation, car antérieurs à la constitution ou aux lois votées par la suite. Mais la partie la moins solide de la défense est dévoilée. On démontre preuves à l'appui que le Roi a envoyé des fonds à l'étranger pour payer les armées émigrées et qu'il a signé un document envoyé au Roi de Prusse et à l'Empereur d'Autriche pour leur demander de rétablir la monarchie en France. Dès lors l'acte d'accusation de complot contre la Nation est renforcé. Le 15 janvier, 673 députés sur 718 votent « oui » à la question de la culpabilité de Louis Capet. Le 19 janvier, 387 sur 726 présents votent « oui » à la peine de mort. La sentence est prononcée, il meurt guillotiné le 21 janvier 1793.

– Les documents retrouvés attestaient-ils vraiment d'une trahison ?

– Oui, sans aucun doute ! La comptabilité des fonds secrets démontre bien qu'on voulait acheter de nombreuses sections et bataillons des fédérés pour les corrompre et notamment leurs chefs. Les documents prouvent également l'existence d'une police parallèle qui s'est mise en place dès le début de l'année 1791, dont la mission est de surveiller tous les membres influents de la Révolution. Les lettres du ministre de la Maison du roi, Arnaud de La Porte, en charge de la gestion des fonds de la liste civile sont accablantes.

– Vous pouvez parler de ces fonds, leurs montants, leurs destinations ?

– Oui, Monsieur le Président. De La Porte coordonne l'action des partisans de la Royauté, avec l'aide de l'écrivain et journaliste Rivarol, qui emploie 1 500 personnes, des auteurs, chanteurs, journalistes, pamphlétaires pour soutenir le Roi. Il est aidé par Antoine de Moleville, ministre de la Marine à partir de 1790 qui coordonne l'émigration en masse des officiers et s'occupe de la police secrète du Roi à partir de 1791. Ce comité fut surnommé le « comité autrichien ». La liste civile, pension donnée au Roi, est une somme annuelle de 25 millions de livres auxquelles s'adjoignent tous les revenus des propriétés, parcs, domaines, forêts de la maison royale, c'est une somme énorme.

– Ce qui signifie, pour que nous puissions avoir une idée ?

– Près de 5 % des recettes de la Nation, soit de nos jours 200 milliards de Francs[7]. On peut ajouter pour en terminer que toute la correspondance de Louis XVI et de l'Empereur d'Autriche démontre bien sa volonté de faire rétablir la royauté en France par le père de sa femme, Marie Antoinette.

– Robespierre a-t-il voté pour la condamnation et la mort de Louis XVI ?

– Il a répondu « oui » aux deux questions.

– On a dit que les documents présentés à la Convention étaient pour beaucoup des faux ?

– Ils ont été vérifiés par une commission de douze membres, dont des Girondins favorables au Roi. Ils ont été certifiés conformes, imprimés et distribués à tous les députés, difficiles dans ces circonstances de présenter de faux documents.

– Des questions, Monsieur l'avocat général ? Non, et vous Monsieur l'avocat de la défense ?

____
[7] De nos jours, cela représenterait un budget d'environ 4 milliards d'Euros.

– Oui, Monsieur le Président, je souhaiterais que le témoin revienne sur le réseau d'espions anglais.

– Posez une question précise !

– Bien, je vais m'y efforcer ! Monsieur, vous avez évoqué le nom du Premier ministre de l'époque, un certain Pitt. Pourquoi dire qu'il avait établi un réseau d'espions anglais en France ?

– Jusqu'en 1792, l'espionnage ou le renseignement anglais était coordonné par l'ambassade, cela était admis partout en Europe, on collectait et on renseignait son pays par les représentations officielles, donc les ambassades. En août 1792, à cause des événements, l'ambassade britannique est fermée. Mais il est toujours important pour la Grande-Bretagne de se renseigner. Les missions d'espionnage vont donc passer des mains des diplomates aux mains de véritables espions. Car il est primordial pour nos voisins d'outre-Manche de continuer à se renseigner sur notre pays, qui fait toujours partie des grandes puissances du monde. On envoya donc le capitaine Georges Monro, en France pour coordonner le renseignement. C'était un homme de grand talent qui a su se fondre dans un club de républicains anglais qui s'était constitué dans la capitale et qui était proche des Jacobins. Coup double, il renseignait le Foreign Office sur l'évolution de la Révolution française et sur les opposants anglais de Pitt, établis en France. Sous le coup d'une possible dénonciation, il repart à Londres. Mais son réseau continue à fonctionner. Il a des informateurs au sein du comité de Défense Générale, créé en janvier 1793 qui est, durant trois mois, l'ancêtre du Comité de salut public.

— Voulez–vous dire qu'il existait des espions à la solde des Anglais dans ce comité ?

— On peut le supposer. Il est à noter qu'il fut dissous et remplacé par le Comité de salut public à cause de son inefficacité. Danton et Robespierre prirent alors les choses en main au sein de ce nouveau comité.

— Faisaient-ils partie de l'ancien comité ?

— Non, mais ils dénoncèrent régulièrement son manque de cohérence et ses décisions.

— À-on cité les noms de ceux qui renseignaient la Grande-Bretagne ?

— On a parlé de Bougainville, le navigateur, mais il y a eu beaucoup d'autres.

— Connaît-on les noms de ces espions anglais ?

— Les plus célèbres furent Charles Somers, arrêté en août 1793, puis relâché grâce à l'intervention de Fargues, le ministre des Affaires étrangères, et Nicolas Madgett, un sujet britannique, employé au ministère de la Marine, puis membre du Comité de salut public, et qui avait même infiltré les services secrets français.

– Comment ?

– Il avait été recruté par Bertrand Barère, le rapporteur du comité, comme traducteur pour envoyer à la presse étrangère la propagande de la révolution. C'est sous la traduction de Nicolas Madgett que les discours de Robespierre et Saint-Just, furent traduits, mais déformés pour qu'ils apparaissent comme les artisans de la terreur, alors que c'est Barère avec ses amis, Lazare Carnot, Collot d'Herbois, Billaud-Varenne, et leurs obligés du Comité de sûreté générale, qui instituaient partout en France la terreur, à Lyon, à Arras, à Toulon, en Vendée en Provence, et même à Paris.

– Vous prenez parti pour Robespierre, Monsieur, contentez-vous de répondre !

– Monsieur l'avocat général, cessez de crier, et laissez-moi mener les débats ! Pourquoi aurait-il déformé les traductions ? Avait-il des ordres de Barère ?

– Nous pouvons penser que c'est plutôt Madgett qui donnait les ordres !

– Silence, Messieurs, silence ! Expliquez-vous !

– Pour m'expliquer, Monsieur le Président, il faut revenir sur la personnalité de Barère. C'est un brillant orateur, l'un des chefs de file du Marais, ensuite il rejoint Robespierre, puis à sa chute, les Thermidoriens. Il a fait partie des Feuillants, des royalistes, des Jacobins, des Montagnards, des thermidoriens, puis de nouveau des royalistes, enfin des bonapartistes. Il institue la plupart des décrets de la terreur, mais les dénonce ensuite. Il est mis en cause par les documents retrouvés dans l'armoire de fer, mais il saura échapper à la prison. Desmoulins le déteste, Marat le considère comme un faux républicain, et dit de lui que c'est un politique fin et rusé, toujours entre deux eaux. Robespierre le défend dans un premier temps puis le critique ayant pris conscience de sa perfidie. C'est lui qui a mis la terreur à l'ordre du jour, c'est lui qui a institué la grande terreur, et c'est lui qui dira vingt ans plus tard qu'il n'avait qu'un objectif, celui de sa « conservation ». Il faisait guillotiner son voisin pour que le voisin ne le fasse pas guillotiner. En juillet 94, Robespierre n'apparaît plus au Comité de salut public depuis plus d'un mois, il s'en éloigne, peut-être déstabilisé par les excès du comité. Les Barère, Collot d'Herbois, Billaud-Varenne et Carnot se sentent menacés, ils ont été trop loin, décidés de trop d'exécutions. Ils prennent contact avec d'autres groupes, les représentants en mission rappelés par Robespierre pour avoir « abusé des principes révolutionnaires », et le Comité de sûreté générale mené par Vadier, un ami de Barère. Durant l'année 93, Barère, pour ne pas être accusé de modération, est devenu un enragé. En juillet 94, pour ne pas être accusé d'avoir été l'artisan de la terreur, il devient un modéré, et un thermidorien. Mais le plus important reste à prouver, était–il un homme de Londres ?

– Un quoi ?

– C'est ainsi que les historiens ont appelé les hommes de la Révolution, payés par Londres, enfin le gouvernement de Pitt, afin d'aggraver la situation en France. Barère était–il un espion payé par le gouvernement britannique ?

– Monsieur le Président, de nouveau on s'éloigne du sujet de ce procès, en l'occurrence Robespierre. Nous ne sommes pas ici pour juger Barère ou le gouvernement britannique de Pitt.

– Bien au contraire, Monsieur le Président, tout est lié ! Peut-on juger Robespierre sans évoquer Barère et ses amis ! Mon client est innocent des crimes dont on l'accuse et pour le démontrer, il faut trouver le ou les vrais coupables.

– Veuillez poursuivre, Monsieur Decaux et dites-nous pourquoi les Britanniques voulaient aggraver la situation politique en France !

– Monsieur le Président tous les faits ne sont pas entièrement prouvés, mais il existe assez d'éléments et notamment les écrits du Foreign Office, maintenant déclassifiés, qui indiquent bien la collusion de Barère avec l'espion Nicolas Madgett.

– Quel était le but, l'objectif du gouvernement britannique ?

– Au-delà de la surveillance des opposants établis en France, l'objectif était d'affaiblir la France en tant que Nation. L'un des buts poursuivis était de scinder le pays en deux. Une partie au nord avec Paris et ses révolutionnaires, une autre au sud avec une constitution monarchiste. C'est pour cela que les menées monarchistes dans le sud de la France, furent les plus nombreuses pendant et après la révolution, financée par la Grande-Bretagne. De plus, un second foyer d'insurrection avec la Vendée était le bienvenu pour l'Empire britannique.

– Oui, Monsieur l'avocat général, posez votre question à Monsieur Decaux !

– Vous avez déclaré « Robespierre le défend dans un premier temps puis le critique ». Pourquoi change-t-il d'avis ?

– Disons que Robespierre était sensible aux louanges et défendait ceux qui étaient ou faisaient semblant de l'aimer ou de le vénérer. Son honnêteté, son intelligence, mais aussi son orgueil et sa vanité étaient connus de tous. C'était un personnage complexe.

– Merci Monsieur, Decaux, nous allons arrêter là votre audition. Bien nous allons poursuivre avec l'audition de Monsieur Gallo, puisque je vois que le parquet et l'avocat de la défense n'ont plus de questions à vous poser. Veuillez vous retirer, la cour vous remercie. Faites entrer Monsieur Gallo !

Chapitre 10.

Seconde séance du tribunal, jeudi 13 décembre 1956.

Audition de l'historien Max Gallo.

– Veuillez vous présenter à la cour !

– Je m'appelle Max Gallo, je suis né le 7 janvier 1932 à Nice, j'ai été technicien à la RTF, je poursuis actuellement des études d'histoires et je m'intéresse au personnage de Maximilien de Robespierre.

– C'est à ce titre qu'on souhaitait vous entendre. Vous avez fait des recherches sur l'homme, surtout sur sa personnalité, son caractère et vous avez dit à la commission qui prépare ce procès qu'on ne pouvait éclairer les actes du révolutionnaire qu'en connaissant les faiblesses nées de son enfance.

– C'est exact. Mes premiers travaux m'ont attiré les foudres de mon maître à penser Soboul[8], mais il fallait que je poursuive cette exigence de vérité. Je résumerais mon travail en citant Jaurès qui considérait que Robespierre était un « homme dangereux, étroit et vindicatif », mais que « l'histoire est choix et qu'il irait s'asseoir à côté de lui aux Jacobins ».

---

[8] L'une des plus grands historiens français sur la révolution et Napoléon. Auteur du livre « Les sans–culottes parisiens de l'an II », mort en 1982.

– Poursuivez ! Quel rôle a joué Robespierre dans la terreur. Je rappelle les chefs d'accusation du tribunal : « Maximilien de Robespierre est accusé d'avoir organisé par la loi du 10 juin 1794, en toute connaissance de cause, et d'avoir initié la période dite de la grande terreur en privant les accusés du droit de défense et de recours qui étaient auparavant permis. À ce titre, on l'accuse d'homicides avec préméditation et donc d'assassinats ».

– Pour bien comprendre ce qui s'est passé et pour expliquer les raisons qui l'ont poussé à proposer la création de ce tribunal, puis sa réorganisation en juin 1794, il faut analyser la mécanique des faits. Tout d'abord, on pourrait dire qu'il existe l'événement qui surprend tout le monde, la prise de la Bastille. En 1789, après sa destruction, tout le monde veut un peu plus de justice, mais personne ne veut de la République. Par la suite, se développe une prise de conscience. De nombreuses personnes vont réagir à des principes supérieurs à leurs intérêts et ils se battront pour cette cause. Et puis et d'une façon invariable, se développe également l'ivresse du pouvoir. Les hommes sont fascinés par le pouvoir qu'ils peuvent exercer sur les autres. On peut dire que cette mécanique a traversé les pensées et les actions de Robespierre, mais pas seulement. Il est confronté à un événement qui le surprend, mais le transporte, il se fait élire comme membre du Tiers État. Cette notion de liberté, qui le sublime et que l'on remarque dans ses discours durant les années 1790 et 1791, sauvera la Nation et mettra la République sur les bons rails. Mais, ce pouvoir qui commence à le fasciner le poussera à organiser les tribunaux révolutionnaires et à instrumentaliser la terreur. Même s'il se donne une conscience en déclarant que c'est pour lutter contre les complots. On pourrait dire que le tribunal révolutionnaire et les nombreux procès se justifiaient pour la défense de la République, mais pas la suppression des avocats de la défense et des témoins à décharge. Pour aller vite, on simplifiait les procédures, mais on supprimait les droits fondamentaux des accusés. Ces mêmes droits qu'il avait, avec d'autres, institués dans la constitution. À partir de 1793, il se renie, mais encore une fois, il n'est pas le seul.

– Pourquoi ?

– Les évènements ! Les dangers ! La guerre civile ! Cela ne fut pas le seul moment de l'histoire où une forme de dictature se substitue à la démocratie, sous couvert de sa défense. En même temps, que serait-il advenu de la Révolution française sans cela ?

– Donnez-nous votre éclairage historique sur l'enchaînement des faits de ce tribunal révolutionnaire, et ce qu'on a qualifié de terreur, puis de grande terreur.

– Tout démarre le 17 août 1792, l'Assemblée crée le Tribunal Révolutionnaire, que l'on nommera le tribunal du 17 août, et est supprimée par la Convention le 29 novembre 1792, puis rétabli sous la proposition de Danton le 10 mars 1793, sous la dénomination de Tribunal Criminel Extraordinaire. Ce tribunal a fonctionné jusqu'au 31 mai 1795.

– Bien après la mort de Robespierre, donc !

– Monsieur Vergès, veuillez vous abstenir de vos remarques avant la fin de la déposition du témoin. Veuillez poursuivre !

– Ce tribunal tenait séance au Palais de Justice. La première condamnation à mort est prononcée le 26 août 1792 sur la personne de Louis–David Collenot, pour un motif « d'embauchage pour les rebelles », c'est-à-dire d'avoir pris les armes contre la République. C'est sur la proposition de Robespierre que le premier tribunal fut instauré. Il a instruit 61 affaires et a prononcé 21 condamnations à mort. Reconstitué à partir de mars 1793, le nouveau tribunal est accusé de lenteur par la Montagne. En six mois, il instruit 260 affaires et prononce 66 condamnations à mort. Ses missions sont vastes, illimitées et sans aucun contre-pouvoir. Il instruit toute entreprise contre-révolutionnaire, tous attentats contre la liberté, l'égalité, l'unité de la république, la sûreté intérieure et extérieure de l'État. Tous les complots tendant à rétablir la royauté ou à établir toute autre autorité attentatoire à la liberté, à l'égalité, et à la souveraineté du peuple sont jugés. À partir de septembre 1793, les procès s'accélèrent, 177 condamnations à mort jusqu'à la fin de l'année dont celle de Marie Antoinette et des Girondins. Mais c'est la loi du 22 prairial qui permet de mettre en place les tribunaux d'exception et de supprimer toute justice dans les procès. Il ne reste comme décision pour les jurés que l'acquittement ou la mort. Le 28 décembre 1794, cinq mois après la mort de Robespierre, une nouvelle organisation du tribunal est votée. Le 28 mars 1795, s'ouvre le procès de Fouquier-Tinville, l'accusateur public qui avait prononcé 2627 exécutions, et d'autres membres du tribunal. Il sera suivi par le procès des jurés le 31 mai 1795. Des centaines de condamnations à mort ont été prononcées bien après la mort de Maximilien de Robespierre, ce qui ne l'absout pas d'avoir été l'un des organisateurs de la terreur. Mais il ne fut pas le seul et pas le plus vindicatif. Or bizarrement l'Histoire ne retiendra que lui, ou plus exactement les thermidoriens ont permis de faire en sorte que l'Histoire ne retienne que lui.

– Comment l'expliquez-vous ?

– La plupart de ses amis politiques, de ses proches, de ses soutiens ont disparu avec lui. Restent les écrits de quelques-uns de ses contemporains, qui ont été plus équitables sur sa véritable implication dans la terreur.

– Des noms, Monsieur Gallo ?

– Oui, je vais en citer un…qui me semble le plus plausible, car au moment des évènements du 8 et 10 thermidor, il n'était pas à Paris, mais en inspection aux frontières de la nation. Il s'appelait René Levasseur. Il est député de la Convention, envoyé en mission sur plusieurs fronts et notamment dans les Ardennes pour rétablir l'ordre depuis avril 1794. Il est ami de Robespierre, mais on le considère comme un modéré. Il précise dans ses mémoires, que l'immense besoin de popularité de Robespierre l'avait laissé condamner des amis pour ne pas être considéré comme un tiède ou un modéré. Il indique aussi que Robespierre à la Convention, lors de la présentation de la loi du 22 prairial la défendit article par article, alors qu'une majorité de l'Assemblée n'en voulait pas, mais finalement, elle finit par la voter. Il note enfin que Robespierre voulait durant les quelques semaines qui ont précédé sa chute, remplacer le gouvernement révolutionnaire par un gouvernement régulier et élu par la Convention. Il s'en était ouvert à tous et souhaitait l'abolition des instances révolutionnaires et l'établissement d'un régime constitutionnel. Il voulait aussi mettre en jugement les membres du comité et les commissaires de la Convention qui s'étaient illustrés par leurs excès. Ceux qui se sentaient menacés, et principalement Collot d'Herbois et Billot Varennes, prirent alors la tête de la révolte et de la conspiration contre lui. Ils fédérèrent tous ses ennemis. Pour en terminer sur le sujet, Levasseur précisa que Robespierre était tellement assimilé à la révolution qu'il en incarnait l'âme, et même s'il avait perdu toute influence vers les derniers mois, on le considérait comme l'inspirateur de toutes les décisions du comité.

– Bien, revenons à la personnalité de Robespierre !

– Je crois que c'est Mirabeau, qui le détestait le plus, qui le décrit le mieux. Dans une courte phrase, il dira : « il ira loin, il croit tout ce qu'il dit ». On le peint comme quelqu'un qui théorise beaucoup, mais l'action n'est pas dans son caractère, contrairement à Danton. C'est un homme seul, il a peu d'amis. On le craint ou on le déteste. Il est souvent seul pour défendre les propositions de loi. Mais, c'est un homme libre. Dès 1789, il obtient l'accès des juifs et de tous les non-catholiques aux droits civils et civiques. Il défend l'égalité des droits des enfants légitimes et des enfants naturels. Il plaidera pour le droit des prêtres à se marier. Le 11 mai 1791 il dit que la liberté de la presse doit être entière et complète. Le 5 juillet 1791, il se prononce pour une liberté totale de réunion et d'association et conteste l'obligation de déclaration préalable des réunions. Le 24 septembre 1791, il réclame pour les hommes de couleur les mêmes droits que pour les autres citoyens. En 1791 également, il demande l'abolition de la peine de mort.

– Vous plaisantez ?

– Non, non, c'est un farouche partisan de l'abolition de la peine de mort, il a prononcé un discours en mai 1791, resté célèbre, où il dit que les jugements humains ne sont jamais assez certains pour que la société puisse donner la mort à un homme condamné par d'autres hommes. Il est seul aussi, quand il se prononce pour l'abolition de l'esclavage dans les colonies. Seul aussi, ou presque, quand il se déclare en 1792 contre la guerre, pressentant soit une radicalisation de la Révolution ou une défaite de la Nation. Il est aussi le premier à avoir défendu le suffrage universel, tout en ayant conscience que les plus pauvres sont ceux qui ont le moins de temps et de moyens à consacrer à la politique c'est pourquoi il fait voter en septembre 1793 une rétribution civique pour permettre aux travailleurs les plus pauvres de participer aux réunions et aux votes. Il propose également l'interdiction du cumul des mandats. Il est aussi le premier à avoir proposé le contrôle des prix des produits de première nécessité. En juin 1793, il soutient l'abrogation de la loi Le Chapelier qui avait interdit les associations de travailleurs. Seul enfin, quand il se prononce contre la peine de mort pour les Brissot et ses partisans, condamnés le 2 juin 1793.

– Pourtant, il a envoyé de nombreuses personnes à l'échafaud, dont Hébert et ses alliés, Danton et ses fidèles ?

– Oui, Monsieur l'avocat général, mais comme la peine de mort est toujours présente et puisqu'il est légaliste, c'est un obsédé de la loi et de l'ordre, alors il s'en sert. D'abord contre les enragés, comme Jacques-René Hébert, après être entré au Comité de salut public en juillet 1793. Il fait d'abord arrêter leur chef, Jacques Roux. Puis il participe à l'arrestation de Hébert et de ses amis avec comme jugement la citation suivante : « Il existe deux espèces d'hommes dont la conduite est funeste à la chose publique : les uns, ardents, inconsidérés, propres à recevoir toutes les impressions, ils dénoncent sans cesse, à tort et à travers. Les autres, couverts du masque perfide du patriotisme, se répandent dans les sociétés populaires contre les meilleurs citoyens et inculpent des patriotes et font ainsi servir leur réputation de civisme au profit de l'ennemi. ». Lorsqu'il s'agit de son « ami » Danton, il lui reproche de vouloir atténuer, voire de renoncer à l'idéal révolutionnaire. Mais je pense surtout qu'il lui reproche de lui avoir proposé de partager le pouvoir.

– Comment cela, le pouvoir ?

– Oui, il faut pour comprendre la relation entre les deux hommes, décrire leurs personnalités, que tout oppose et tout rapproche.

– Messieurs, il est tard, nous reprendrons le procès le lundi 17 décembre à 14 heures dans cette même salle.

Chapitre 11.

Maximilien de Robespierre, rue Saint-Honoré

Le 25 messidor an II (12 juillet 1794)

Je me suis toujours opposé aux massacres. C'est aussi pour cela que je m'opposais à certains soi-disant patriotes, qui par excès, voulaient ériger des tribunaux dans tous les quartiers des villes et des villages, puis par crainte, voulurent abandonner les principes mêmes de notre combat contre les conspirations multiples qui nous affaiblissaient.

Pétion en fut l'exemple le plus flagrant. Face aux débordements des sections révolutionnaires qui organisèrent les massacres de septembre 1792, il ne s'y opposa pas, pensant s'attirer les bonnes grâces de ces sanguinaires dont le seul but était de massacrer puis de s'enrichir. La commission d'enquête fut nommée, prenant peur des conséquences, il s'allia aux Girondins afin de paraître plus présentable. J'ai eu une entrevue avec lui à mon domicile, quelques jours après les massacres de septembre. Il y était venu certainement pour savoir ce que je pensais des évènements. Je lui dis avec force qu'en tant que maire de Paris, il aurait dû s'y opposer. Il me considéra avec mépris, me disant qu'il ne pouvait rien faire, face à des enragés. Il me quitta sans me saluer, je ne le revis jamais plus en privé.

Pour être honnête, c'est aussi à moi-même que je reprochai la passivité dont j'avais fait preuve. J'aurais pu m'y opposer en prenant la parole au club des Jacobins. Mais j'avoue ne pas l'avoir voulu. Je n'avais aucune empathie pour ces personnes. La révolution n'attend pas, j'étais trop occupé à…je ne sais plus.

Parmi ceux de mes amis que je combattis parfois sur le plan politique, les époux Roland furent sans nul doute, mon combat le plus dérangeant. Au début de l'année 92, je me mis à fréquenter leur salon littéraire. Ils venaient d'Amiens, mais Manon Roland, née Filipon comme elle aimait signer, avait vécu à Paris. Elle avait épousé Jean-Marie Roland, un grand commis de l'état de vingt ans son aîné. Ils avaient des idées de liberté et la république chevillée aux corps. Brissot et Pétion, comme moi, fréquentèrent le salon littéraire qu'elle avait rapidement créé, dès son installation dans la capitale. Sous son influence, Roland fut désigné comme ministre de l'Intérieur. Mais nous savions tous que c'était elle qui gérait le ministère et dictait la politique à son mari. C'est ainsi qu'elle devint l'égérie et la muse du parti girondin.

C'est aussi à cette époque, quelques mois plus tard, que je prenais mes distances avec les époux Roland, ne partageant pas leurs idées. Elle m'écrivit à plusieurs reprises, d'abord pour louer mon intelligence et mes idées de progrès, puis pour me reprocher de n'être pas venu chez elle, de ne pas rencontrer ses amis, qui n'étaient pas, selon ses dires, des intrigants. Elle me reprocha enfin de soulever l'opinion contre ses amis, les Girondins et de ne pas les défendre. Ils étaient des purs, leur seul objectif étant de lutter pour la constitution et la république.

Mais que pouvais-je dire ? Elle était tout aussi excessive dans ses amitiés que dans ses haines. Elle accusa Danton de n'avoir rien fait pour empêcher les massacres des prisons, mais elle, comme son mari, pourtant ministre, ne firent rien non plus. Qui plus est, son mari signa une circulaire quelques jours auparavant pour indiquer que toute mesure conservatoire était bonne à prendre pour lutter contre les dangers de l'intérieur et les ennemis de l'extérieur. Cela ne calma pas le peuple. Elle m'accusa ensuite de n'être que le pantin de Danton. Mes amis de la Montagne ciblèrent alors les Girondins et Roland fut surnommé coco Roland, et son épouse la reine coco.

Pourtant, c'était une grande âme et une vraie patriote. Elle m'écrivit de la prison de Sainte Pélagie où elle était détenue avant son exécution. Je me souviens surtout du début de cette lettre qui me fit pleurer. Elle me disait qu'en voyant un médecin de mes amis à l'infirmerie de cette prison, celui-ci lui avait parlé de moi. Elle lui répondit en précisant qu'elle m'avait beaucoup connu et estimé. Elle me croyait avoir été un ardent ami de la liberté. Mais mon goût pour la domination et la vengeance m'avaient éloigné d'elle. Mon intolérance trouvait ses racines dans ma susceptibilité, et mon plaisir d'être admiré par tous.

Elle avait percé mon âme.

Mais elle n'avait pas deviné cette maladie qui me ronge et que mon médecin ne peut qualifier. Cette maladie qui me laisse dans des états de fatigue extrême, et qui me fait parfois déserter les bancs de l'assemblé durant des semaines. Mes ennemis mettent ces absences sur le compte de mon dédain, ou de mon absence d'empathie.

Mais non, je suis malade.

Mes saignements de nez sont fréquents, j'ai de la difficulté à respirer, mes jambes que je ne montre jamais sont difformes. J'ai l'impression de mourir lentement, de l'intérieur.

Je ne vais plus au comité depuis maintenant plusieurs semaines, depuis le 9 messidor[9], jour où j'ai demandé la révocation de Fouquier-Tinville et où j'ai fait part de mon projet de rédiger un nouveau rapport sur cette prétendue conspiration et de le présenter à la convention, pour remplacer le faux dossier de Vadier.

Dossier, qui s'est nourri de cette affaire Théot, une folle qui se prend pour la « Mère de Dieu », et qui annonce l'arrivée d'un

---

[9] Le 27 juin.

Messie, un consolateur des pauvres. Autour d'elle, quelques fidèles et curieux, et notamment ce député de la constituante, Christophe Antoine Gerle, ex-moine dit « dom Gerle », qui a sollicité ma protection et à qui j'ai remis un certificat de civisme. Je le croyais bon patriote, en tout cas inoffensif. On dit aussi que parmi ses adeptes, on trouve une belle-sœur de Maurice Duplay, le brave homme qui m'héberge.

Il n'en a pas fallu plus, pour que Vadier s'empare de l'affaire, et lance sa police politique.

Juste après le décret adopté par la convention sur mon avis, pour instituer le calendrier de fêtes qui se substituait aux fêtes catholiques, on a arrêté Catherine Théot et Dom Gerle. On les a accusés de complots contre-révolutionnaires. Avec la fête de l'être suprême, on a dit que je voulais instaurer un culte à la mesure de ma dictature. On oublie de préciser qu'elle a été votée par l'immense majorité des membres de la Convention. On oublie aussi de dire que ce rapport, diffusé par le Comité de salut public à des centaines de milliers d'exemplaires a été accueilli dans toute la France avec un enthousiasme inimaginable. L'Assemblée a été félicitée par tous. Ensuite on a décidé de m'élire à la présidence de l'organisation de cette fête, à l'unanimité. Je ne le voulais pas.

Je savais que l'on penserait que je voulais restaurer la religion des tyrans. Non, je voulais simplement que l'idée d'un Être Suprême soit un rappel continuel à la justice et à la république. Comment ne pouvait-on pas croire à l'immortalité de l'âme ? Car sinon que deviendrait notre action pour la justice et la liberté.

De plus, depuis quelque temps, la famille de Sainte-Amaranthe, cette tenancière de salon de jeux, avait été arrêtée et enfermée à Sainte-Pélagie. Et c'est toujours sur l'insistance de Barère et de Vadier, qu'elle et sa famille sont incluses dans ce prétendu complot de l'étranger. Bien sûr je connais cette famille, une connaissance éloignée que je n'ai jamais côtoyée de près, mais les rumeurs se sont installées. Je n'y crois pas à ce complot, et je m'oppose à ce rapport de police, car je sais que c'est moi que l'on vise. On va accuser des innocents pour m'atteindre. On fera courir le bruit que je veux protéger ma « maîtresse ». On dit même que le premier jour de la libération des prisonniers, et notamment de celui de Madame de Sainte Amaranthe, cela sera le premier jour de ma dictature.

Ma seule et unique dictature, c'est celle de la vertu. Mais peut-on l'imposer ?

Chapitre 12.

Troisième séance du tribunal, lundi 17 décembre 1956.

Audition de l'historien Max Gallo.

– Messieurs, nous reprenons ce jour le procès. Monsieur Gallo va nous instruire sur les relations entre Danton et Robespierre. On vous écoute !

– On a souvent dans l'Histoire, opposé les deux hommes. Danton le bon contre Robespierre le mauvais, Danton le modéré contre Robespierre l'enragé, mais aussi Danton le libéral contre Robespierre l'intransigeant, Danton l'épicurien contre Robespierre l'ascète, Danton le jouisseur contre Robespierre le travailleur. La réalité est plus complexe. Les deux hommes étaient proches, amis même. Ils siégeaient tous deux à la Convention, faisaient partie des Montagnards et du club des Jacobins. Leur vision de la politique, utile et indispensable pour la Nation, était proche. Pourtant, ils se sont opposés à partir de 1793. Pourquoi ? Revenons un peu en arrière. On peut maintenant affirmer que Danton a perçu des sommes d'argent de l'entourage de la royauté, dans ce vaste plan de corruption mis en œuvre par Mirabeau pour restaurer le Roi et son pouvoir. Il ne fut pas élu, à la différence de Robespierre, membre du Tiers État, mais sa verve et sa force de persuasion en tant qu'animateur du club des Cordeliers à partir de 1790 puis du club des Jacobins par la suite, le désignent naturellement comme un orateur influent dont il faut s'attacher le concours et l'appui. Il semble que cet argent de la corruption lui permettra de rembourser sa charge d'avocat qu'il venait d'acheter et d'acquérir des biens nationaux, notamment à Arcis-sur-Aube, sa ville natale. Il est, comme Robespierre, contre la guerre, que les Girondins veulent déclarer à l'Autriche et la Prusse en 1792. Il ne participe pas, tout comme Robespierre, à la journée du 10 août 1792, qui voit la destitution du Roi, mais il en est certainement l'âme pensante, en tout cas, il se targue d'avoir « fait » le 10 août. Par la suite, et avec la chute de Louis XVI, un conseil provisoire exécutif est nommé par l'Assemblée législative avec les anciens ministres girondins pour contrebalancer le pouvoir toujours plus important de la commune insurrectionnelle de Paris. On nomme Danton au poste de ministre de la Justice, un peu pour faire le lien avec les révolutionnaires de la commune. Il fallait un homme engagé, aimé du peuple, et dont on ne pouvait remettre en cause la qualité de Républicain. Il fait alors entrer ses amis, dont Camille Desmoulins et Fabre d'Églantine au ministère. Il devient par son charisme, le chef du conseil exécutif. Mais c'est la commune insurrectionnelle de Paris, qui va décider et forcer l'Assemblée et donc son conseil exécutif à emprisonner le Roi au Temple, mais aussi décider de l'élection d'une nouvelle Assemblée. On avait eu l'Assemblée Nationale en juin 1789, la constituante en juillet 1789, puis l'Assemblée Législative en 1791, on aura dès septembre 1792, la Convention Nationale, élue au suffrage universel qui proclamera la République, le nouveau calendrier révolutionnaire et la constitution de l'an I, qui ne fut cependant, jamais appliqués suite à la situation dramatique du pays.

– C'est bien à ce moment-là qu'éclate la guerre civile ?

– Oui, Monsieur le Président. Et c'est à partir de ce moment-là, et sous l'impulsion de Danton que l'on met en place la première terreur. En fait, on pourrait presque parler d'un « état d'urgence ». On supprime les journaux d'opposition, on légalise les perquisitions au domicile, on arrête les prêtres réfractaires, les notables aristocrates, et les anciens ministres feuillants. Le premier Tribunal Révolutionnaire est institué. Il ne fera guillotiner que trois « conspirateurs ». En août, débute la première insurrection en Vendée. Au même moment, une armée austro-prussienne franchit la frontière. Des députés proposent d'abandonner Paris et de se retirer vers la Loire, mais Danton, soutenu par Robespierre s'y oppose. Ils décident d'envoyer des commissaires dans toutes les régions pour lever des volontaires. C'est lui qui impulsera à l'Assemblée, la volonté indispensable pour sauver cette République naissante.

– Mieux que Robespierre ?

– Ils sont différents dans leurs mérites. À ce moment-là, il fallait un Danton, plus tard, il faudra un Robespierre. Il est élu à la Convention avec Robespierre. Il s'oppose à Marat, et défend Robespierre avec fougue. À cette époque, fin 92, celui-ci est souvent attaqué par les Girondins. Par la suite, on attaque Danton sur sa gestion des fonds secrets de son ministère, dont il est incapable de justifier leurs destinations. Il sera souvent interrompu à la tribune de l'Assemblée par les mots suivants « et les comptes ? ». Sa popularité, son influence baissent. C'est Robespierre qui deviendra le leader des Jacobins, et qui à son tour défendra son ami Danton. À la fin de l'année 1792, peut être déçu par les attaques, ou fatigué par les événements, il s'éloigne, demande à visiter les armées du Nord pour comprendre leurs besoins et leurs demandes. Dumouriez se plaint alors du dénuement des soldats. Il part alors que s'ouvre le procès de Louis XVI.

– On dit pourtant qu'il a voulu sauver Louis XVI et sa famille.

– Oui, il pensait, à la différence de Robespierre, qu'il fallait le déporter lui et sa famille pour restaurer la paix en Europe. Il pensait que sa mort pouvait coaliser toutes les autres nations contre la France. Les événements lui ont donné raison, après l'exécution en janvier 1793 de Louis Capet, la coalition contre la France voit le jour.

– Comment pensait-il le sauver ?

– La corruption, Monsieur le Président, la corruption. Il connaissait ses pairs de l'Assemblée, il savait que l'argent pouvait inverser le vote sur la mort du Roi. Le général français Théodore de Lameth, réfugié à l'étranger après les massacres d'août 1792, est venu clandestinement de Londres pour tenter de sauver le Roi à la fin de l'année 1792, raconte dans ses mémoires que Danton lui avait promis de l'aider, et pour cela il fallait de l'argent. Antoine Talon, un aristocrate français qui avait mis sur pied le système de corruption à partir des Tuileries en 1791, arrêté sur ordre de Napoléon en 1804, indiqua qu'il avait proposé au Premier ministre britannique Pitt et au Roi de Prusse de sauver Louis XVI et sa famille, grâce à un décret de déportation. Mais pour cela, il fallait acheter les députés de l'Assemblée. Il n'eut aucune réponse et en conclut que ni la Grande-Bretagne ni la Prusse ne souhaitaient faire des sacrifices pour Louis XVI. Seul l'Espagne versa des fonds, deux millions, par l'intermédiaire d'un banquier. Dans ses mémoires, un ancien montagnard, René-André Choudieu qui vota cependant la mort, admit l'existence de cette corruption et dit qu'elle toucha plusieurs de ses collègues.

– Mais alors pourquoi Danton a-t-il voté la mort et rejeté le sursis en janvier 1793 ?

– On peut citer l'une de ses phrases que rapporte De Lameth, Danton lui aurait précisé qu'il ferait avec prudence, mais hardiesse tout ce qu'il fallait pour le sauver, mais que s'il voyait qu'il n'y avait plus aucune chance, alors ne voulant faire tomber sa tête en même temps, il serait parmi ceux qui le condamnerait.

– Monsieur le Président, nous nous égarons, nous ne sommes pas ici pour juger Danton, mais Robespierre !

– Vous avez raison, Monsieur l'avocat général, que pouvons-nous conclure, Monsieur Gallo sur les relations entre Danton et Robespierre ?

– Je pense qu'il nous faut répondre à deux questions. La première concerne les relations entre les deux hommes, et notamment ce qui se passa durant la période, où des réunions scellèrent leur désaccord, et même leur haine. La seconde est la suivante : pourquoi, après la chute des thermidoriens, au moment du Directoire, et plus tard lors de la prise du pouvoir par Napoléon, Danton a-t-il été réhabilité et pas Robespierre ?

Chapitre 13.

Troisième séance du tribunal, lundi 17 décembre 1956.

Fin de l'audition de l'historien Max Gallo.

– Bien, Monsieur l'avocat général, le témoin est à vous !

– Merci, sait-on ce qui s'est passé lors de ces rencontres entre les deux hommes ?

– Non, pas précisément ! Il y a eu pourtant, plusieurs rencontres, début 94. La dernière fut celle de la rupture totale. On ne sait pas ce qui s'est dit entre ces anciens amis, mais on sait que Robespierre sort de l'entretien en colère. Par la suite, il semble que l'incorruptible ait hésité à mettre Danton sur une liste d'accusation, en considération de son passé de républicain. On ne le voit plus durant un mois, du 11 février au 12 mars. Puis il écrit un discours sur les factions, et le déclame le 15 mars à la tribune de l'Assemblée. Sa décision semble prise, il va combattre son « ami » Danton. Dans les notes qu'il rédige, la veille du procès de Danton, pour le rapport d'accusation, il se prononce non pour la mort, mais pour le bannissement. Là aussi, les autres membres du comité demanderont la guillotine, notamment Saint-Just. Lors de son exécution, le 5 avril, Danton passe en charrette dans la rue où loge Robespierre, qui se terre

dans sa chambre, et dans une grande clameur, il crie
« Robespierre, tu me suis ! ».

– Et à votre avis, pourquoi Danton a-t-il été réhabilité et pas
Robespierre ?

– C'est une question difficile et pourtant essentielle. Après
avoir incarné la faction la plus intransigeante alors que la Nation
était en danger, après Valmy, pensant que le danger était écarté,
Danton fit partie des modérés. Les preuves qu'il avait touché de
l'argent d'abord de la royauté pour l'influencer, puis de certaines
puissances étrangères pour sauver la vie de Louis XVI n'étaient
pas connues. Par contre, on apprit, et certainement aussi son ami
Robespierre, qu'il avait essayé de négocier avec les coalisés. Au
printemps 1793, en charge des affaires étrangères, il tente de
mener des négociations, mais les puissances étrangères refusent
toutes tentatives de négocier, et la coalition s'empare de la
Belgique, du nord de la France et de la Rhénanie. La Convention
était alors en proie à des querelles incessantes entre Girondins et
Montagnards. Le 18 mai, Robespierre appelle les sans-culottes à
la révolte, le 31 mai, ils envahissent la Convention, le 2 juin,
armés de canon, ils forcent la Convention à voter l'arrestation
des Girondins. C'est un coup d'État. À ce moment-là, Danton
s'est éloigné de la politique. Robespierre est tout-puissant. Il
entre au Comité de salut public, il en devient le chef.

– La terreur est alors décidée, par Robespierre !

– Non, c'est plus complexe que cela, c'est la Convention qui décide de la loi des suspects, loi qui permettait d'arrêter tout opposant au régime, ce qu'on appela par la suite la terreur. Mais c'est le comité de Sûreté Générale qui met en application et avec zèle cette terreur. Ce comité est indépendant du Comité de salut public, donc cela se décide sans Robespierre, mais il est vrai qu'il aurait pu s'y opposer, il ne l'a pas fait.

– On peut cependant dire qu'il était le véritable chef de gouvernement ?

– Oui.

– Et il ne s'y est pas opposé ?

– Non, c'est vrai. Pourtant dans ce comité on retrouve toutes les personnes qui vont comploter par la suite contre lui. C'est à partir du printemps 1794 qu'ils vont s'opposer à lui, après qu'il décide de l'arrestation des enragés qu'il sait corrompus, profitant des dénonciations et des arrestations afin de s'emparer de l'argent des prévenus. On peut aujourd'hui affirmer que les membres de ce comité de Sûreté Générale font de même. Ils se croient en danger, ils vont alors tous participer au complot contre Robespierre.

– Mais la Grande terreur, ce n'est pas ce comité qui va l'instituer, mais bien le Tribunal Révolutionnaire, organisé par Couthon et Robespierre ?

– Oui, c'est vrai, on peut même penser que la création de ce Tribunal Révolutionnaire est décidée pour diminuer le pouvoir du comité de Sûreté Générale, et faire cesser les massacres. Mais, il fera pire. Pour en revenir au déroulement des faits, après la décision prise par Robespierre d'arrêter Hébert et les enragés, et de condamner tous les ultras et notamment ceux qui avaient tenté une insurrection en février 1794, il fait ensuite arrêter Danton et les indulgents en mars 1794.

– Pourquoi ?

– C'est un grand mystère de l'histoire. C'est son ami. Mais c'est aussi le cas de plusieurs des autres personnes arrêtées au même moment, dont Camille Desmoulins qu'il aime comme un frère. Ils sont tous accusés de malversations financières. Vrai, faux ? Certainement pour Danton, et l'incorruptible Robespierre s'est peut-être décidé sur cela. Il a aussi dans l'idée de vouloir juguler la montée en puissance des indulgents, après avoir jugulé les enragés.

– A-t-il signé l'arrestation de Danton et de ses amis ?

– Oui.

– A-t-il voté la mort de Danton et de ses amis ?

– Non, c'est le Tribunal Révolutionnaire. On jugeait non seulement les Dantonistes, comme Delacroix, Desmoulins, et Philippaux, mais aussi les affaires de corruption sur la liquidation de la Compagnie des Indes avec Chabot, Bazire, Fabre d'Églantine, Delaunay, et d'autres pour de semblables affaires. En mélangeant les affaires, on faisait peser fortement les soupçons de corruption sur Danton.

– Robespierre voulait-il la mort de Danton ?

– Non, il voulait son bannissement !

– J'en ai fini, Monsieur le Président !

– Monsieur l'avocat de la défense, c'est à vous !

– Nous n'avons toujours pas la réponse à notre question ! Pourquoi Danton a-t-il été réhabilité par le Directoire et pas Robespierre.

– Ma réponse, mais elle est toute personnelle, c'est qu'il en fallait l'un des deux. Qui incarnaient la Révolution ? Danton et Robespierre ! Qui incarnaient la défense de la République ? Robespierre et Danton ! Qui incarnaient les valeurs de la Déclaration des droits de l'homme et du citoyen ? Danton et Robespierre ! Mais qui incarnaient la terreur ? Robespierre et

Danton ! Qui incarnaient les excès, les emprisonnements, les exécutions, les débordements inévitables de cette période ? Danton et Robespierre ! On ne pouvait absoudre les deux hommes ! On ne pouvait accuser au tribunal de l'Histoire les deux hommes qui ont fait la Révolution Française ! On a choisi, ce fut Robespierre le coupable, et Danton le sauveur !

– Racontez-nous comment s'est décidée l'arrestation de Danton.

– Le lendemain de l'arrestation des Hébertistes, le journal des indulgents, « Le Vieux Cordelier », écrit par Camille Desmoulins reprend l'offensive et pour la première fois attaque Robespierre. On l'accuse de vouloir continuer la guerre. Robespierre tient alors un discours à la Convention, il veut en finir avec toutes les factions, donc avec celle des indulgents, mais il veut préserver Danton et Desmoulins, mais c'est sans compter sur Saint–Just qui le somme de les poursuivre aussi. C'est lui qui remplit l'acte d'accusation contre Danton. On l'accuse d'avoir entretenu des relations avec Mirabeau, d'être traître à la Patrie pour ses échanges secrets avec Louis XVI, d'avoir entretenu des relations avec les frères Lameth et Barnave, des royalistes notoires, d'avoir protégé Fabre d'Églantine, accusé de fraudes dans l'affaire dite de la "liquidation de la Compagnie des Indes", de s'être enrichis, lui et ses amis, dans le cadre de ses fonctions de ministre de la Justice. Après le 10 août, il a protégé

Dumouriez, général français passé à l'ennemi et déclaré traître à la Patrie, mais il a surtout trop prêché la clémence et la modération envers les "suspects" de la terreur. En lisant les minutes du procès, on peut s'apercevoir que les accusations de fraudes et corruptions étaient étayées par les témoignages. Mais il a été condamné non pas sur ses actes, mais sur ses positions politiques.

– L'Histoire, par la suite, a absous Danton et pas Robespierre ?

– C'est pendant la IIIe République que le culte de Danton est né, représentant ainsi l'image de la Révolution puis de la République. Comme c'est Robespierre qui était l'initiateur de son arrestation, il ne pouvait pas faire partie du Panthéon de ces images. Et puis, les membres de la Convention devaient faire porter la faute de la terreur sur quelqu'un. Eux devaient paraître innocents, pourtant ils avaient tous voulu et voté la mort de Danton, donc ce fut Robespierre.

– Qui a voté la terreur en mars 1793 ?

– La Convention Nationale.

– Qui a voté la grande terreur en juin 1794 ?

– La Convention Nationale.

– Merci, je n'ai plus de question.

Chapitre 14.

Troisième séance du tribunal, lundi 17 décembre 1956.

Audition des témoins de l'accusation

– Bien, Messieurs, nous allons commencer l'audition des témoins de l'accusation. Je tiens à vous signaler que nous allons nous limiter, pour l'accusation et la défense à l'audition de quelques témoins, afin d'éviter des débats trop longs. Monsieur l'avocat général, vous avez la parole.

– Merci, Monsieur le Président. Nous demandons à Monsieur Barbaroux de venir témoigner. Veuillez vous présenter !

– Je me nomme Charles Barbaroux, je suis né à Marseille le 6 mars 1767, et guillotiné le 25 juin 1794 à Bordeaux. Je suis avocat de profession.

– Décrivez-nous rapidement votre parcours politique.

– J'ai embrassé très vite les idéaux de la Révolution en 1789. Je fus nommé secrétaire de ma commune. Je suis monté à Paris en 1791, j'ai été élu député de la Convention en septembre 1792. Je me sentais proche des Jacobins, c'est aussi mon appel à lever un bataillon de Marseillais qui partirent sur Paris, pour défendre la Révolution, et qui la sauvèrent. Mais devant certains faits et notamment les massacres de septembre 1792, j'ai voulu dénoncer la tyrannie de certains. Aussi le 25 septembre et le 10 octobre 1792 à la tribune de la représentation nationale, je dénonçais les débordements de Marat et Robespierre et ceux de la commune de Paris. J'ai été proscrit en juin 1793. Je me suis réfugié en Province durant plusieurs mois, jusqu'à mon arrestation en juin 1794.

– Que reprochez-vous à Robespierre ?

– Dès les premières séances de la Convention, je l'ai accusé de vouloir mettre en place une dictature. Lors de la séance du 25 septembre 1792, j'ai accusé Robespierre, Danton, Marat et Etienne–Jean Panis de vouloir attaquer la liberté et instaurer la tyrannie.

– Sur quels éléments vous basez-vous ?

– Sur le constat des pouvoirs énormes dont la Commune s'était investie, et qu'elle était dirigé par Marat, Danton, puis par Robespierre. Sur le fait qu'après la destitution du dictateur Louis Capet le 10 août 92, le citoyen Panis nous a fait venir, nous les Marseillais, nous les libérateurs, pour nous décider à nous rallier à Robespierre, l'homme vertueux, qui serait le futur despote de la Nation.

– Qu'a répondu Robespierre à vos accusations ?

– Que cette volonté de domination était un mensonge ! Mensonge, mais alors pourquoi la commune de Paris envoyait des émissaires dans tous les départements pour surveiller les territoires ? Pourquoi la commune demandait aux autres communes de se rallier, de se coaliser avec elle, et d'approuver toutes ses décisions ? Pourquoi mettre la Convention au service de la commune de Paris et non de la France entière ? Pourquoi ces affiches, sur les murs de la ville du citoyen Marat, demandant l'instauration d'un triumvirat muni de tous les pouvoirs, avec lui, Danton et Robespierre ? Pourquoi ces municipaux de la Commune qui forçaient à démissionner les représentants du peuple, les arrêtaient parfois et la plupart du temps volaient leurs biens ? C'était devenu une tyrannie ! De plus, cette commune insurrectionnelle disposait de sommes considérables, provenant de ses rapines. Elle avait soulevé le peuple, c'est-à-dire les sections de quartiers qui étaient armés, afin de soutenir La Montagne et d'imposer à la Convention des décrets et des lois. Elle affirmait aux autres municipalités de la Nation, que la représentation nationale était sous sa domination.

– N'est–ce pas une querelle entre une République unie et centralisée, incarnée par Robespierre et Danton avec une vision d'une République fédérale où les régions auraient une place et un pouvoir plus important ?

– Peut-être au début de l'existence de la Convention, où les députés des provinces luttaient contre le centralisme de Paris. Mais c'est vite devenu une lutte pour ou contre la dictature de la Commune. En septembre, Robespierre a nommé ses proches, dont Marat, au sein de celle-ci. Il devient pour beaucoup, un objet d'idolâtrie. Je fus un jour invité chez lui pour entendre une conférence, je fus surpris par tous les portraits de lui, peinture, buste, gravures. Lors de cet entretien, il a déclaré qu'il fallait un chef populaire pour prendre la tête de la révolution et lui insuffler un nouveau départ. L'un de ses proches me dit par la suite que cela serait temporaire. Mais j'ai refusé un dictateur tout autant qu'un Roi, et le lui ai dit.

– Pourquoi à votre avis, a-t-il essayé de vous convaincre ?

– La Bataillon des Marseillais m'obéissait, il ne pouvait prendre le pouvoir sans eux, il s'agissait de la seule force armée, bien disciplinée se trouvant dans l'enceinte de Paris.

– Ensuite, que pouvez-vous nous dire sur les intentions de Robespierre.

– Je pense qu'il était prêt à devenir le dictateur de la Nation non par besoin de richesse et d'argent, comme on pouvait soupçonner Danton, non par haine et vengeance comme Marat, non par obéissance aveugle à des rêves et des chimères comme Saint-Just, mais par soupçon et défiance. Il n'avait confiance qu'en lui, peut-être à certains de ses proches, mais peu nombreux. Il pensait que tout le monde le trahissait, et à travers lui, trahissait la nation et la révolution.

– Merci, je n'ai plus de question, je vous laisse le témoin, Monsieur l'Avocat de la Défense.

– Monsieur Barbaroux, parlez-nous de Panis que vous avez cité au début de votre audition.

– C'est un scélérat, aux ordres de Robespierre.

– Mais encore ?

– J'avais proposé à la convention, la nomination d'une commission, dite des douze, dont j'assurais la présidence et qui devait enquêter sur les massacres de septembre 1792. Nous avons établi dès le 7 septembre, que le citoyen Panis avait, avec l'aide de son beau-frère Antoine Santerre commandant de la garde Nationale et de son ami Antoine Sergent, membre du département de la police de la commune, organisé la planification et le déroulement de ces massacres. Ils avaient détourné l'argent, et les biens des massacrés. Ils ont tous failli être arrêtés lors de la publication de ce rapport. Mais c'était sans compter sur le coup d'État contre la Convention, organisé par les Hébertistes et les Montagnards, dont Robespierre, le 31 mai 1793. Avec l'aide du général Hanriot, ils ont fait arrêter une centaine de députés, tous membres de la Gironde, moi je me suis sauvé en province. C'est à ce moment-là que Danton a désapprouvé et s'est retiré du Comité de salut public, ainsi que Camille Desmoulins.

– Robespierre approuvait-il les « exagérés » ?

– En automne de la même année, il a fait voter par la convention l'arrestation des principaux chefs de cette faction. Mais il aurait dû le faire avant !

– Qu'avez-vous organisé lors de votre fuite en province en juin 1793 ?

– Nous avons organisé la révolte contre les sans-culottes et la commune de Paris, pour délivrer la Convention de leur tyrannie.

– Vous avez donc soulevé certaines provinces, dont la Normandie, le Bordelais, le Lyonnais et la région de Marseille pour combattre la République. Une armée, certes peu nombreuse et défaite rapidement par les troupes régulières, a été constituée sous votre égide et celle de vos amis girondins, en fuite comme vous, c'est bien cela ?

– Nous nous sommes soulevés contre les tyrans !

– Mais si vous dites que Robespierre voulait et souhaitait cette dictature, pourquoi a-t-il fait arrêter les hommes des factions, qui voulaient aussi celle-ci, quelques mois plus tard ?

– Je suppose qu'il s'est senti menacé !

– Merci, je n'ai plus de question.

– Nous reprendrons la séance jeudi prochain.

Chapitre 15.

Maximilien de Robespierre, rue Saint-Honoré
Le 2 thermidor an II (20 juillet 1794)

Je me sens bien dans cet endroit, situé au-dessus de l'atelier de menuiserie de mon ami Duplay qui me loge depuis plus de trois ans. J'ai insisté pour lui payer chaque mois, un loyer, certes modeste, mais il est normal que je le rémunère pour le logis et les repas. J'ai retrouvé ici, une famille. Une famille qui m'a toujours manqué, une famille que je n'ai quasiment pas connue.

Ma rencontre avec le citoyen Duplay date des évènements du Champs de Mars[10]. Ce jour-là, les royalistes avec l'aide de La Fayette ont failli reprendre le pouvoir et bannir la République et la Constitution. Impossible pour moi de revenir à mon domicile, rue de Saintonge, dans le Marais. La loi martiale avait été proclamée. Je passai rue Saint-Honoré, des partisans m'acclamèrent après m'avoir reconnu. Duplay sortit de sa maison, m'invita à me reposer chez lui. Il m'invita par la suite à dîner, et je dois bien avouer qu'après tous ces évènements tragiques, je me laissais aller à la quiétude d'un foyer où l'on me choyait. Je restais et ne quittai plus cette demeure. Sa femme et leurs filles me témoignèrent de l'affection, et même je le pense,

---

[10] Le 17 juillet 1791.

de l'amour. J'y fus sensible, et enfin, je n'eus plus à m'occuper d'intendance pour ma vie privée, ce qui me laissait plus de temps pour mes occupations politiques. La petite chambre qui me servait aussi de bureau est située au-dessus de la fontaine de la cour. On y accédait par un escalier indépendant qui me permettait de recevoir mes visiteurs en toute indépendance.

Le neveu de Duplay, Simon, a perdu une jambe à la bataille de Valmy. Je l'emploie comme secrétaire. J'avoue que je le paye très mal pour le travail qu'il effectue. Mais mes moyens sont limités. Ma sœur Charlotte, qui vient me voir depuis le printemps 92, déteste la citoyenne Duplay, me disant qu'elle accapare mon affection, et me maintient dans un état de dépendance affective indigne de la personne que je suis devenue. Elle avait réussi, à l'époque, à me convaincre de prendre un autre appartement plus vaste que les quelques mètres que j'occupais chez eux. J'ai donc habité avec Charlotte dans la rue Saint-Florentin, mais je dois avouer que sa présence me pesait, elle voulait régenter ma vie, je ne demandais que la paix. Je suis revenu chez les époux Duplay, non sans de lourds reproches de la part de Charlotte, jalouse de toute personne qui me donnait de l'affection, et qui ne supportait pas que quelqu'un d'autre qu'elle, puisse s'occuper de moi et de mon intérieur.

Il est cependant vrai que Françoise-Eléonore Duplay, la mère, m'aurait bien pris comme gendre, et souhaite encore ardemment que je me marie avec sa fille aînée, Éléonore. Je laisse les bruits et les rumeurs circuler sur mon compte. Cela m'indiffère. Ce qui se passe à l'Assemblée et les dangers de la vie politique, m'occupent suffisamment l'esprit et me guident dans tous mes actes. Je pousse même mon jeune frère à épouser Éléonore, mais il tient trop à sa liberté, lui aussi. C'est Élisabeth, la plus jeune des sœurs, qui par sa gentillesse emporte les suffrages de tous, y compris de Charlotte. Un jour, elle a rencontré l'un de mes amis jacobins, l'un des plus purs, Philippe-François Le Bas. Ils se marièrent quelques mois plus tard et je fus leur témoin.

Je suis occupé et inquiet. Deux jours après la fête de l'Etre Suprême, la convention a voté la loi du 22 Prairial. Elle a été rédigée par mon ami Couthon et initiée par moi. Elle a été votée par l'immense majorité de la convention, mais on me reproche cette loi. Pourtant…

Mon objectif avec cette loi, est de lutter contre les puissants, qui par leurs appuis, peuvent échapper au tribunal et ne pas être inquiétés. Je pense bien sûr aux membres corrompus des comités et aux commissaires du gouvernement en mission. C'est alors que Vadier, à la tribune de la convention, a lu son rapport sur la secte de Catherine Théot. Il y a parlé d'une nouvelle conspiration. Il a insinué que Catherine Théot pourrait bien être à la solde d'un aspirant dictateur. Il parlait de moi bien sûr.

C'était aussi discréditer cette loi, et démontrer qu'elle n'était que le reflet de ma volonté de pouvoir.

Et puis, ce soi-disant projet d'attentat de Cécile-Aimée Renault, cette jeune femme de vingt ans, sur ma personne. Elle a été accusée en même temps que son père Antoine, son frère Jacques et sa tante Edmée. Ils ont été exécutés ces derniers jours, avec cinquante-trois prétendus complices de la « grande conspiration de l'étranger ». Je sais qu'ils étaient innocents. Ils ont été revêtus de la chemise rouge des assassins, en tant que parricides. Là aussi, le Comité de sûreté générale a monté cette affaire en concertation avec Barère, Collot d'Herbois et Billaud-Varennes. Je suis étranger à toute l'affaire, mais les rumeurs disent que je suis à l'origine de l'exécution des prétendus conspirateurs de l'étranger. Ils ont donné, sur ordre de Barère de Vieuzac, un grand retentissement à ce procès. La jeune Cécile Renault assassin, c'est la nouvelle Charlotte Corday, comme l'a suggéré la presse anglaise. C'est ainsi que mes ennemis nomment maintenant le procès, celui des « assassins de Robespierre ».

Ils me désignent comme aspirant à la toute-puissance, comme un dictateur en devenir. Ils entament ma popularité et me font déconsidérer par le peuple. Toutes les pièces du dossier sont un tissu de contradictions et les aveux arrachés ou consentis, les dénonciations vraies ou fausses, les procès-verbaux et les témoignages sont incohérents et souvent falsifiés. On fait « fuiter » ces incohérences, et ensuite elles sont dénoncées.

On donna un air de complicité, le jour de l'exécution, aux cinquante-quatre présumés coupables en les revêtant de la même façon, avec une chemise rouge, découpée dans de la toile de jute.

Dans cette affaire, les deux pauvres femmes, Madame de Sainte-Amaranthe et sa fille Émilie, apparaissaient pour l'une comme ma maîtresse, j'aurai demandé sa tête parce qu'elle avait surpris le secret de mes aspirations à la dictature, et l'autre, la victime de Saint-Just, parce qu'elle avait refusé ses avances.

C'est ainsi qu'avec ces rumeurs sans fondement, on accrédite l'idée selon laquelle j'étais l'instigateur de cette hécatombe.

Heureusement, le Comité de salut public a décidé que Catherine Théot ne serait pas traduite devant le tribunal révolutionnaire. Je sais que cette décision, en contradiction manifeste avec le décret de la Convention, est, peut-être, ma dernière victoire. Elle n'a pas manqué de fournir à mes ennemis un prétexte de plus pour m'accuser. C'est alors que j'ai décidé de démasquer les « traîtres ».

Cette affaire a provoqué la séance orageuse du 9 messidor[11] où je me suis fait traiter de « dictateur ». Furieux, j'ai quitté la réunion, en leur disant qu'ils pouvaient tous sauver la patrie sans moi. J'ai alors cessé de paraître au Comité. Mais dans quelques jours, je m'y rendrai de nouveau, puis j'irai à la convention. Là, je parlerai des attaques et des complots dont je fais l'objet, puis je proposerai aux députés de changer la composition des comités et de promouvoir la constitution d'un gouvernement républicain et démocratique.

La cour intérieure de la famille Duplay.

---

[11] Le 27 juin.

Chapitre 16.

Troisième séance du tribunal, jeudi 20 décembre 1956.

Poursuite de l'audition des témoins de l'accusation.

– Bien, Monsieur l'avocat général, nous allons continuer l'audition de vos témoins. Veuillez introduire, Jean–Baptiste Louvet. Monsieur, présentez-vous !

– Je me nomme Jean–Baptiste Louvet de Couvray, je suis né le 12 juin 1760 à Paris, et décédé dans cette même ville le 25 août 1797.

– Guillotiné ?

– Non, je suis mort de tuberculose à mon domicile à Paris. Je venais d'être nommé consul à Palerme par le Directoire.

– Bien, vous avez, le 29 octobre 1792, fait devant la Convention un discours devenu célèbre, qui attaquait Robespierre. Discours, que vous avez nommé « A Maximilien Robespierre et à ses royalistes ». L'associer à ceux qu'il avait combattus était un peu incongru, pourquoi l'avoir fait ?

– Je vais tenter de résumer le discours que j'ai prononcé à la convention, ce jour-là. Je ne haïssais pas Robespierre, mes amis m'en sont témoins. J'avais une profonde estime pour ce qu'il avait fait, les courageux combats qu'il avait menés pour la Nation, pour la République, contre la Tyrannie. Même maintenant, je ne hais pas Robespierre, je ne le dénonce pas. Non, je hais ses crimes, je dénonce ses actions. Je maudis son ambition présomptueuse, sa domination insolente. Je l'ai vu et malgré les remontrances, les reproches, et les accusations de ceux qui l'avaient comme moi estimé, et admiré, je l'ai vu mener ses intrigues et ses forfaits devant la Convention, se faisant à chaque fois passer pour le persécuté, alors qu'il était le persécuteur. Je l'accuse d'avoir avili l'Assemblée législative en ne respectant pas les lois qu'elle avait votées et en faisant arrêter ses membres. Et au nom de quoi ? D'un idéal auquel il croyait de justice, de liberté d'égalité ? Non, car la justice c'était de respecter cette Assemblée et ses membres qui avaient été élus par le peuple et pour le peuple. Non, car la liberté, c'était de ne pas poursuivre de sa vengeance, ceux qui ne croyaient pas comme lui. Non, car l'égalité, c'était de ne pas menacer cette Assemblée par quelques sections des faubourgs venant armées pour nous menacer. Je l'ai accusé d'avoir depuis plusieurs mois, exercé le plus intolérable despotisme, et avec quelques faux patriotes, être parvenu à rendre méconnaissable cette société. Il a perverti cette institution. Il a été un despote d'opinion. Ses faux patriotes se sont arrogés le droit de rédiger les ordres du jour et de ne pas laisser les autres opinions s'exprimer. Lui et ses faux patriotes, ne discutaient pas des sujets de la Nation, non ils discutaient des ministres à censurer, des députés à dénoncer, des décrets à critiquer. Mais, ils savaient, et lui le premier, encenser leurs partisans. Enfin ses faux patriotes ne parlaient que du vertueux Robespierre, du grand Robespierre, de l'incorruptible, du grand homme. Ses propres discours se terminaient chaque fois par ses mérites, ses vertus, et ses perfections. Il ne parlait pas à l'Assemblée, il parlait à son peuple. Oui, son peuple qui le suivait avec un enthousiasme religieux et une ferveur mystique. Et si jamais, un député, un ministre, le critiquait, alors malheur à lui, son peuple le traînait dans la boue, et les critiques l'amenaient directement en prison pour terminer sur l'échafaud. Mais ce n'est pas pour ce despotisme d'opinion que j'ai intitulé ce discours « Maximilien Robespierre et ses Royalistes », non c'est parce que lui et ses Cordeliers[12] voulaient, face aux Jacobins, préserver le Roi.

– Expliquez-vous, Robespierre n'était pas jacobin ?

– Enfin, il l'a été jusqu'en 1791. Puis par vanité, il est devenu Cordelier, les deux clubs révolutionnaires sont bien distincts. Les cordeliers étaient les plus extrémistes, les plus vindicatifs et les plus corrompus. Ils s'étaient dénommés la « société des amis de l'homme et du citoyen ». Dès le départ de

---

[12] Club politique, issu des jacobins, qui se rassemblait dans l'ancien couvent des Cordeliers à Paris, d'où son nom. Robespierre n'en a jamais fait partie, contrairement à Marat, Danton, Camille Desmoulins.

leur existence, leur but était simple, surveiller l'Assemblée et la critiquer. Robespierre s'en servait, c'était son bras armé. Oui, je l'accuse d'avoir été proche de ces enragés, d'avoir permis et encouragé leur pouvoir destructeur, et de n'avoir jamais été là dans les jours les plus dangereux durant ces moments où le sang des innocents coulait. Prenons la date du 10 août 1792, quand la plupart des révolutionnaires participaient activement à la destitution de Louis XVI, il n'est réapparu que trois jours plus tard, quand tout était fini. Quand un député lui demanda où il était, il répondit : « J'étais partout où l'intérêt de ce peuple, qui m'est si cher, exigeait que je fusse ». Mais non, il n'était nulle part où l'intérêt du peuple l'exigeait, il se cachait. Il se cachait aussi lors des massacres de septembre. Il se cachait chaque fois qu'il y avait du danger. Et ensuite, il a voté la mort du Roi, uniquement pour qu'il puisse le remplacer, devenir comme lui, un objet d'adoration. Il a toujours combattu l'Assemblée quand elle allait à l'encontre de ses projets, de ses desseins, de ses ambitions. Et pour preuve, il a fait voter cette loi sur le culte de l'Être Suprême le 8 mai 1794, et lors d'une fête à Paris, il a incarné cette nouvelle idole. Il s'idolâtrait lui-même. Voilà ce que je lui reproche, voilà pourquoi j'ai intitulé mon discours « A Maximilien Robespierre et à ses royalistes ».

— Si je vous résume, vous reprochez à Robespierre, un, d'avoir calomnié les plus patriotes des députés, deux, d'avoir persécuté les représentants de la Nation, trois, d'être devenu un objet d'idolâtrie, quatre, d'avoir imposé sa volonté et ses idées, cinq, d'avoir poursuivi tous les députés qui ne partageaient pas sa vision et enfin, d'avoir voulu le pouvoir en tant que dictateur ?

— Oui, c'est bien cela.

— Merci, je laisse le témoin à l'avocat de la Défense.

— Revenons un peu en arrière avant votre discours que vous avez préparé depuis fort longtemps. Vous dites qu'il n'était pas Jacobin, pourtant il a bien été élu président de cette société en novembre 1791 ?

— Oui, il me semble.

— Durant les mois qui ont suivi, il était autant attaqué par les Girondins, avec Brissot pour le fait, je cite, « d'être vendu à la cour ». Dans le même temps, il était attaqué dans les journaux de droite pour, je cite toujours, « être le chef des républicains » ?

— Oui, je n'ai jamais dénié ses mérites de défendre la liberté à ce moment-là. Durant cette époque, il disait qu'il aimait mieux des citoyens libres avec une monarchie qu'un peuple esclave et avili sous un sénat et un dictateur.

— Pourquoi parlait-il de dictateur à cette époque ?

– On craignait un coup d'État militaire organisé par La Fayette. Celui-ci négociait avec les Autrichiens.

– N'est-ce pas tous ces événements qui ont conduit à la journée du 10 août 1792 et l'invasion des Tuileries, puis l'arrestation de Louis XVI ?

– Oui, par peur des armées extérieures et des trahisons en interne.

– A-t-on jamais entendu Robespierre parler et laisser entendre qu'il voulait la dictature ?

– Non, mais son parti l'y poussait ! Et il ne les dissuadait pas !

– Avons-nous, avez-vous la moindre preuve écrite ou dite lors d'un de ses discours qu'il voulait devenir dictateur ?

– Non, mais ses actes suffisaient !

– J'en ai fini, Monsieur le Président.

– Bien, nous appelons à la barre Madame Desmoulins. Veuillez vous présenter Madame !

Chapitre 17.

Troisième séance du tribunal, jeudi 20 décembre 1956.

Poursuite de l'audition des témoins de l'accusation.

— Je m'appelle Anne–Lucile Desmoulins, née Laridon Duplessis, le 18 janvier 1770 à Paris. Je me suis marié avec Camille le 29 décembre 1790 à Paris, Maximilien Robespierre était notre témoin. Nous avons eu un enfant Horace en 1792. Il était son parrain civil. Je fus arrêtée le 4 avril 1794, et guillotinée le 13 avril, une semaine après Camille.

— Pouvez-vous nous dire pourquoi ? De quoi vous accusait-on ?

— De rien, Monsieur, enfin de rien, de tout peut–être ! On a dit que j'avais conspiré, on a dit que je faisais partie du complot du Luxembourg, ce palais qui était devenu une prison. Mon mari et ses amis y furent incarcérés, moi aussi ainsi que d'autres. J'avais échangé des mots de correspondance avec le général Arthur Dillon[13]. Nos cellules étaient proches. On nous a alors accusés de complot.

---

[13] Né en Irlande, député et général de la Révolution Française. Auteur d'un plan d'invasion de l'Irlande, les espions anglais réussirent, avec la complicité de Bertrand Barère, membre du comité de Salut Public, à le discréditer et à le faire arrêter.

– Permettez, Monsieur le Président et Messieurs les jurés de vous éclairer sur les origines de ce que l'on a dénommé le complot des prisons.

– Je vous y autorise Monsieur l'avocat général, uniquement à cause de notre méconnaissance, de savoir ce qui a été imaginé pour discréditer le témoin.

– Je vais essayer d'être le plus précis possible. Le Comité de salut public pour que les accusés ne puissent se défendre, et notamment lorsqu'ils étaient innocents des crimes, ou supposés crimes, qu'on leur signifiait, avait inventé une méthode qui leur interdisait de pouvoir s'exprimer. Ils étaient accusés d'un délit collectif de conspiration. Il suffisait de trouver des « témoins », enfin des geôliers, prêts à témoigner sur de prétendus complots entre détenus. La première « opération » a été montée de toutes pièces avec la complicité d'un administrateur de la prison du Luxembourg, Wittericht. Tout cela avait deux objectifs, juger et condamner sans preuves, donc éliminer des opposants et « purger » les cellules. J'emploie ici les termes du comité. Et c'est ainsi que des centaines de personnes furent exécutées sans jugements, sans preuves et sans témoins, uniquement sur des dénonciations de complaisance. Cette terreur, inspirée par le comité, prit de l'ampleur, après la prison du Luxembourg, ce fut ensuite les Carmes, Saint-Lazare, et même celles, en dehors la capitale, Chantilly, Amiens, et bien d'autres. Après la chute de

Robespierre, les geôles furent ouvertes et les prisonniers en attente d'exécution furent libérés.

– Monsieur le Président, puisque l'avocat général expose les faits comme un témoin, je souhaite l'interroger.

– Je vous l'accorde, Monsieur l'avocat de la défense, posez vos questions !

– Qui avait organisé ce complot des prisons, puisque c'est ainsi que l'histoire retient ce procédé ignoble.

– Le Comité de salut public.

– Mais encore.

– Ses membres, Barère, Billaud Varenne, Collot d–Herbois, Voulland. Le Maître d'œuvre en était Jean–Pierre–André Amar, ce député montagnard de la Convention Nationale.

– Mais, Amar était membre du Comité de Sûreté Générale ?

– Oui, mais il agissait de concert avec certaines personnes du Comité de salut public.

– A-t-il été établi que Couthon avait été parmi les instigateurs ?

– Non, pas précisément.

– Saint–Just ?

– Non.

– Robespierre ?

– Non, mais il ne s'y est pas opposé !

– Bien, Madame, racontez-nous pourquoi, quelques jours avant vous, votre mari, Camille a été arrêté.

– Monsieur le Président, il fut le condisciple de Maximilien au lycée Louis le Grand, à Paris. Il a été très proche de Robespierre, de Marat et de Danton, il faisait comme eux, parti des Montagnards. Puis, après certains excès, il est, comme Danton, devenu un modéré. Il pensait que la Révolution s'était éloignée de ses merveilleux principes de départ, que la Patrie n'était plus en danger, que l'état d'exception ne s'imposait plus. Il a regretté l'arrestation et la condamnation des Girondins. Près de 100 députés, élus par le peuple, et qui ont été mis au banc des accusés. Il pensait qu'on avait été trop loin.

– Il avait créé un journal ?

– Oui, le « Vieux Cordelier ». Le premier numéro est paru le 5 décembre 1793. Il prenait fait et cause pour Maximilien, et attaquait les excès des Hébertistes. C'est dans le troisième numéro, qu'il a dénoncé la terreur.

– Attaque–t–il à l'époque Robespierre ?

– Non, il continue à louer Maximilien, mais il demande d'ouvrir les prisons et de pardonner. Il dénonce aussi la corruption, dont les membres du Comité de Sûreté Générale se sont rendus coupables avec la liquidation de la compagnie des Indes. La seule chose qu'il a reprochée à Maximilien est dans le numéro sept de son journal. Il dénonce le discours contre le peuple anglais, qu'il avait prononcé le 30 janvier 1794. Il disait qu'il avait oublié les principes pacifistes de 1791.

– Il attaquait donc à ce moment-là Robespierre ?

– Il le critique, mais il attaque surtout Barère pour ses pensées, ses idées, sa corruption, et son immense hypocrisie qui le pousse à flatter Robespierre tout en conspirant dans l'ombre pour l'abattre.

– Qui a écrit l'acte d'accusation et l'a transmis à Saint–Just ?

– Maximilien.

– Est-il intervenu pour sauver votre mari ?

– Oui, une fois en janvier 1794. Lors d'une séance des Jacobins, le 7 janvier, la question fut posée, de savoir s'il fallait exclure mon mari de ce club à cause de ses écrits sur le pardon et la modération. On voulait supprimer le journal. An nom de la liberté de la presse, Maximilien s'y est opposé. Il a dit devant tous que Camille était un enfant gâté, qu'il avait d'heureuses dispositions, mais que, de mauvaises compagnies l'avaient égaré. Camille pensait que Maximilien voulait discréditer Danton en disant cela. Robespierre demanda alors à la société de brûler le numéro du journal pour l'exemple. C'est alors que mon mari a cité une phrase de Rousseau, « brûler n'est pas répondre ». Ce jour-là, ils devinrent ennemis.

– Quel était le numéro qui était visé ?

– Je pense qu'il s'agissait du numéro quatre.

– Que disait-il ?

– Il demandait de libérer les 200.000 personnes qui croupissaient dans les prisons de la France, de pardonner à tous et de supprimer les tribunaux révolutionnaires. Il écrivait que la guillotine ne pouvait exterminer tous les ennemis de la Révolution. Il demandait aussi à Maximilien de prendre le parti de la modération.

– Que s'est-il passé par la suite ?

– Robespierre a alors dit en public que les intentions de Camille étaient mauvaises, et puisqu'on ne voulait pas brûler le journal, il fallait répondre à Camille, lui dire qu'il était un composé de chimères et de mensonges. C'en était fini de nous !

– Merci je n'ai plus de question.

– Madame, permettez-moi d'abord de vous dire et de vous exprimer tout le respect que vous nous inspirez, vous et votre mari. Ceci étant dit, je souhaite que vous puissiez répondre. Que peut-on dire du caractère de votre mari ?

– Camille était quelqu'un d'exalté. Il avait ardemment voulu et provoqué la chute de Brissot et des Girondins, mais il avait ensuite été tourmenté par leurs exécutions. Je pense qu'il se considérait comme responsable. Il est vrai qu'il était parfois vindicatif, dès que l'on mettait en doute son intégrité et son honnêteté. C'est ce qu'avait fait Jacques Brissot. Il ne lui a pas pardonné. Il a donc écrit le pamphlet « L'histoire des Brissotins ». Il en a été de même avec Robespierre. Il a vu que celui-ci l'accusait de s'être trompé et d'avoir été trompé, c'en était trop pour lui.

– Que reprochez-vous à Robespierre ?

– D'avoir laissé tuer Camille, il a fourni l'acte d'accusation et ensuite il s'en est lavé les mains. Il savait que cela se terminerait par la guillotine, et pourtant c'était son ami.

Chapitre 18.

Maximilien de Robespierre, rue Saint-Honoré

Le 7 thermidor an II (25 juillet 1794)

Je vais faire une promenade avec mon chien, Brount. Il m'accompagne partout et son regard me suit, interrompant parfois mes méditations. Il me soutient, quand la maladie rend difficiles les sorties que je fais.

La vie de famille que je connais chez les Duplay est heureuse, souvent le soir, je leur fais la lecture. Parfois avec Le Bas, son épouse et Buonarotti[14] au clavecin, nous chantons. Il arrive que le dimanche, nous sortions de Paris pour nous promener avec toute la famille dans la campagne environnante. Les moments de détente sont rares, je passe la plupart de mes soirées dans ma chambre à écrire, et relire mes discours. J'ai trouvé dans ces murs et avec ces gens, une vie simple, faite de petits bonheurs.

C'est aussi grâce à eux que j'ai perçu certains traits de caractère des gens que je pensais vertueux. Comme Danton, qui avait eu le malin plaisir à essayer de séduire la plus jeune des sœurs Duplay, Élisabeth. Comme Desmoulins, qui sous le

---

[14] Révolutionnaire d'origine italienne, proche de Robespierre, il fut par la suite avec Babeuf à l'origine d'une doctrine communiste.

prétexte du libertinage, avait donné à l'une d'entre elles un ouvrage licencieux. Oui, je les ai haïs à cause de cela. Non par ces actes, mais bien parce que leurs déclarations sur la vertu de la révolution et de la république ne cadraient pas avec leurs actes. Je ne peux pas m'empêcher de penser que c'est ma présence au sein de cette famille heureuse qui pourrait leur amener le malheur, par la haine de mes ennemis, et le discrédit qu'ils prononceront.

C'est le cas de ma sœur Charlotte.

Je ne lui pardonne pas ses querelles et les sous-entendus qu'elle se charge de colporter partout. C'est la plus charmante et la plus jeune des filles Duplay, Élisabeth, qui m'ouvrit les yeux. J'étais loin d'imaginer ce que Charlotte pouvait dire. Elles sortaient souvent ensemble. C'est par ses sorties et ses visites à la Convention qu'elle fit d'ailleurs la connaissance de mon ami Le Bas. Elle tomba amoureuse de lui assez vite, et se désespéra par la suite, de ne plus le voir durant des mois, lorsqu'il fut malade. Lorsque le père me manda pour évoquer la demande en mariage que mon ami venait de faire à sa fille, je louais de suite les qualités et les bontés de Philippe. Il est vrai que je connaissais parfaitement sa famille et que je la respectais profondément. Je sus par la suite que mon ennemi Guffroy avait essayé de dissuader Philippe d'épouser Babeth, par pure méchanceté et rancune.

En parlant de Charlotte, le nom de Fouché me vient à l'esprit. Il avait dès le début montré un patriotisme à toute épreuve, et je le croyais même mon ami. Après que je l'eusse introduit dans mon intimité, il fit une cour assidue à ma sœur. Il lui parla de mariage, et elle lui donna des signes qui lui laissèrent penser que ses sentiments étaient partagés. Elle s'ouvrit à moi pour me demander mon avis, il était favorable.

Heureusement, juste avant que le mariage ne se fît, Fouché partit en mission avec Collot d'Herbois à Lyon. Des flots de sang se déversèrent dans cette ville par les décisions sanguinaires des deux personnages, qui firent régner une terreur sans nom. J'avais été informé par Couthon, des crimes, des détournements et des rapines qu'ils avaient pratiqués dans la ville. Je réussis à interrompre leurs méfaits en faisant rappeler Fouché. Mes ennemis à l'Assemblée me reprochèrent vivement d'avoir envoyé des proconsuls enragés en province. Pourtant je ne cessais d'écrire aux représentants du peuple de se montrer sobres, de ne pas abuser de leurs pouvoirs. La révolution devait se faire aimer, et non haïr.

Lors de son retour, je lui reprochais vivement son attitude, et ses crimes abominables que les représentants locaux m'avaient décrits. Il balbutia quelques excuses et rejeta la plupart des accusations. Il devint mon ennemi. Je le soupçonne à ce jour d'avoir voulu épouser ma sœur pour se concilier mes bonnes grâces. Personnage infect, mille fois plus dangereux que beaucoup d'autres, je suis intimement persuadé qu'il est l'un des ardents partisans de ma chute. Il a dû faire miroiter monts et merveilles à la plaine, aux modérés et même aux plus ardents patriotes. Cet homme est le diable, l'ennemi de la révolution.

Chapitre 19.

Troisième séance du tribunal, jeudi 20 décembre 1956.

Poursuite de l'audition des témoins de l'accusation.

– Bien, Monsieur l'avocat général, nous allons entendre votre dernier témoin. Veuillez vous présenter à la cour !

– Albert Soboul, je suis professeur, historien, et le directeur des annales historiques de la Révolution française.

– J'avoue être étonné que vous soyez cité par l'accusation dans le procès. Vous êtes connu pour être un partisan de Robespierre et vos écrits ont toujours justifié ses actions.

– C'est vrai Monsieur le Président, mais ce n'est pas me faire honneur que de penser que je ne suis pas d'abord historien, avant même d'être militant, ce qui suppose parfois des cas de conscience.

– Je ne voulais pas mettre en cause votre honnêteté. On vous écoute, Monsieur l'avocat général !

– Je voulais qu'Albert Soboul nous éclaire sur la terreur qui s'est abattue à partir de 1793 dans les différentes régions françaises, et notamment en Vendée.

– Je vais essayer d'être précis. Tout a démarré par la levée en masse. La convention décide en mars 93, d'enrôler 300 000 hommes parmi les célibataires de 18 à 25 ans. Cette décision provoque un énorme mécontentement dans toutes les campagnes. Des émeutes éclatent partout, notamment dans les régions rurales. Celles de l'ouest sont les plus touchées. Les premiers troubles éclatent à Cholet. Pour faire court, des erreurs tactiques et des divisions parmi les généraux des armées républicaines de l'ouest permettent la coalition et la formation d'une armée royaliste et catholique. La guerre de Vendée a démarré. Je passe sur les péripéties successives, toujours est-il que, face aux succès des insurgés, la répression devient sanglante. Elle cache surtout l'incompétence des chefs de la révolution, qui par leur répression aveugle, renforcent la rébellion. C'est la nomination de Marceau comme chef des armées de la république qui permet, fin 93, les victoires de Cholet et du Mans.

– On a souvent parlé de massacres, et même de génocide !

– Exact, en voici quelques exemples. Après la bataille de Cholet en octobre 1793, les Vendéens, vaincus sur les bords de la Loire, traversent le fleuve. C'est une multitude de vieillards, de femmes et d'enfants qui fuient les incendies et les dévastations des armées républicaines. D'après les estimations, de 50 000 à 100 000 personnes se réfugient en Bretagne. Ils s'emparent de Laval, de Fougères, de Dol, et d'Avranches. Mais découragés, fatigués, mourant de faim et de maladie, ils font demi-tour et veulent regagner la Vendée. L'exode prend alors une tournure particulièrement dramatique. Les malades et les blessés laissés en arrière sont parfois achevés par les Républicains lancés à leur poursuite. Plusieurs centaines de prisonniers de la bataille de Cholet sont massacrées par les troupes du général Westermann. Laplanche, un autre officier républicain, fait fusiller plus de 800 détenus vendéens. Les généraux Canuel et Amey reprennent Fougères. Aussitôt les soldats torturent et massacrent les Vendéens dans les hôpitaux, dont de nombreuses femmes. Westermann. Toujours lui, tue et massacre les rebelles à La Flèche, puis fait égorger les traînards dans les villages des environs. Le lendemain, le général Kléber arrive dans la ville, des centaines de personnes sont encore massacrées. En décembre, les Républicains prennent la ville du Mans, et la bataille dégénère en tuerie des femmes et des enfants. Arrivé dans la ville en plein combat, le général en chef Marceau fait battre la générale pour rassembler les soldats et arrêter les tueries. Il sauve, provisoirement, des milliers de prisonniers. Westermann, commande la cavalerie et se distingue par des « chevauchées sanglantes ». Il gagne le surnom du « boucher ». Le passage sur la Loire étant coupé par les chaloupes canonnières, les Vendéens se replient vers l'ouest, mais ils sont rattrapés à Savenay. La bataille est un nouveau massacre. Des milliers de Vendéens sont tués au combat ou fusillés. Dans une lettre célèbre, Westermann écrit au Comité de salut public, je cite : « suivant les ordres que vous m'aviez donnés, j'ai écrasé les enfants sous les sabots des chevaux, massacré les femmes qui, au moins pour celles-là, n'enfanteront plus de brigands. J'ai tout exterminé ». Puis viendront au début de 94, les « colonnes infernales », inventées par le général Turreau. Il met au point un plan visant à exterminer tous les révoltés du pays, massacre des « blancs », évacuation des « bleus », saisie des biens et incendie des villages. Évidemment, ce « plan » ne fait que renforcer les révoltes et grossir les armées vendéennes.

– Décrivez-nous ces « colonnes infernales » !

– Le général Turreau met au point un plan visant à anéantir et détruire toute la Vendée. Il forme douze colonnes qui incendient les régions. On tue les hommes, les femmes et les enfants. On saisit les récoltes et les bêtes. Il veut faire de la région, un cimetière à ciel ouvert, et la repeupler par des patriotes républicains. Durant six mois, ces colonnes se livrent à des exactions innommables. Des dizaines de milliers de personnes des régions de Maine-et-Loire, de Loire Inférieure, de Vendée et des deux Sèvres trouvent la mort. Il ne parvient pas à vaincre les insurgés, et ne fait que renforcer les révoltes.

– Le comité cautionnait cela ?

– Dans un premier temps, oui, et la convention aussi. Mais, dénoncé par des patriotes et des commissaires en mission, il est finalement destitué par le Comité de salut public. C'est aussi la faillite d'un état, et la guerre de Vendée n'est pas le seul exemple d'une répression sans discernement du pouvoir parisien, incapable de faire respecter la loi et l'ordre dans les régions de France. Pour continuer, sur les 15 000 habitants de Nantes, des milliers seront exécutés par Carrier, noyades, fusillades et autres sévices. Des milliers de morts à Angers, en Mayenne, des centaines dans les autres départements de toute la France, ce sont autant de marques sanglantes de cette répression. On estime que plus de 150 000 Vendéens ont pu mourir des batailles, des maladies ou des exécutions sommaires. Mais il faut réfuter le terme de génocide, il n'y avait pas une volonté planifiée d'exterminer tout un peuple d'une région, sauf de la part de ce général dément. Les exécutions et les massacres visaient les paysans rebelles se réclamant de la religion catholique et de la royauté. Si on parle de génocide pour la Vendée, alors la France en a connu beaucoup dans son histoire, notamment durant les guerres de Religion. On pourrait alors parler de génocide des protestants par les catholiques, ce qui ne veut rien dire par la définition adoptée par les Nations Unies, car le génocide est la destruction d'une nation ou d'un groupe ethnique. La construction est faite du mot « genos » qui signifie race, tribu et du suffixe latin « cide » ce qui signifie « tuer ».

– Que penser alors de ces évènements ?

– C'était une guerre civile, Monsieur le Président, mais pas seulement. On a souvent présenté cette insurrection des régions de l'Ouest comme une levée en masse des paysans partisans de l'Église, respectant la royauté, et s'opposant à la république. En fait, ce sont de pauvres gens, plus prompts à se soulever contre les fermiers généraux, les riches négociants en grains de ces régions, et les bourgeois des villes acquéreurs des biens nationaux. Ces paysans vont se révolter parce qu'ils sont écrasés par les impôts. Ce sont de pauvres métayers, incapables de subvenir à leurs besoins, et déçus par la révolution. Cette misère va être criante en regard de la concentration de richesse qu'amène la république aux élites urbaines qui s'enrichissent. On assiste aussi à cette époque à une perte de pouvoir et d'autonomie des communes rurales face aux bourgs. Enfin, la constitution civile du clergé s'attaque aux derniers vestiges de leurs libertés de culte et parfois aux prêtres qui sont issus de leurs rangs. La levée en masse fournit une occasion à un soulèvement paysan, qui renvoie aux jacqueries des siècles précédents. Évidemment le pouvoir parisien et jacobin ne comprend pas ce qui se passe, et assimile cela à une contre-révolution, ce qu'elle deviendra par la suite, aidé ensuite par les troupes anglaises et les émigrés. La peur, l'incapacité de certains chefs républicains, et le désir meurtrier de quelques illuminés, généraux ou commissaires de la république conduiront à cette guerre civile.

– Les massacres ont été d'un seul côté ?

– Non, Monsieur le Président, on aurait tendance à ne voir que les colonnes sanglantes des sans-culottes, mais les massacres paysans dans les bourgs et les villes ont existé aussi !

– Merci, je n'ai plus de questions à vous poser !

– Ah, Monsieur l'avocat général, on interrompt le témoin quand cela ne va pas dans le sens souhaité ? Peut-on poursuivre Monsieur le Président ?

– Prenez la suite, Maître Vergès, contre-interrogez le témoin.

– Décrivez-nous les massacres des Vendéens et des chouans !

– Il ne faut pas confondre les guerres de Vendée où se battent deux armées et la chouannerie où l'on assiste en Bretagne et en Normandie à des actions de guérillas de bandes plus ou moins importantes de paysans. Pour les guerres de Vendée, c'est toute une région qui se soulève, la Loire-Atlantique, le Loiret, l'Anjou, et le Poitou, Des villes sont conquises. Des armées de plusieurs dizaines de milliers d'hommes sont commandées par des généraux, qui souvent mettent en déroute les armées de la République. Pour répondre à votre question, je vais juste commenter le massacre de Machecoul, c'est un petit chef-lieu de Loire atlantique, cela se passe en mars 1793. Cet évènement aura une influence importante pour la suite des évènements. An matin du 11 mars, plusieurs milliers de paysans envahissent le bourg. Ils réclament l'arrêt de la conscription. Quelques dizaines de gardes nationaux veulent les arrêter. La foule tue un officier et des soldats. Des tirs sont échangés de part et d'autre. La garde nationale est mise en déroute, c'est alors que, tous ceux qui sont considérés comme « des bleus », vont être massacrés, les responsables administratifs, les notables, les bourgeois. Certains sont emmenés dans un couvent et tués par les paysannes. On dénombre quelques dizaines de victimes, c'est peu et c'est beaucoup à la fois. Peu par rapport à ce que j'ai décrit auparavant, mais beaucoup, car c'est le début de la révolte paysanne. Un homme présent en fait un rapport écrit au représentant de la convention dans la région, Garnier de Saintes. Il en fait un récit à la tribune de l'Assemblée parisienne Je vous cite une partie de son rapport : « On vit arriver par toutes les issues de la ville, cinq à six mille paysans, femmes et enfants, armés de fusils, de fourches, de couteaux, et de piques. Des dizaines de patriotes furent tuées. La maison commune fut pillée, les archives du district incendiées. Les maisons des patriotes visitées, leurs caves et leurs armoires vidées. Les jours suivants, on fit la chasse aux patriotes des autres localités. Cela dura plusieurs semaines, avant l'intervention des troupes républicaines ».

– On peut imaginer le choc d'un tel récit sur la convention.

– D'autant plus que les « bleus » vont partir se réfugier dans les grandes villes, Nantes, Angers, Saumur où ils vont nourrir une peur panique des notables et des habitants de ces villes. La seconde conséquence de ces massacres, c'est que les nobles resteront dans un premier temps, en dehors des mouvements à cause de leur cruauté et leur brutalité. Ils ne rejoindront le mouvement que plusieurs mois plus tard, parfois un peu à contrecœur comme leur chef Charrette.

– Dernière question, Robespierre a-t-il favorisé la répression en Vendée ?

– Aucun de ces discours n'en fait mention ou ne le demande, ce qui ne veut pas dire qu'il la condamne, mais il ne l'a pas non plus encouragée, malgré ce qu'a véhiculé la réaction thermidorienne. N'oublions pas que la guerre et les massacres ont duré après la mort de Robespierre. Après une trêve de quelques mois, la guerre a repris en 1795 et 1796. Puis de nouveau en 1799 et 1800. Certains décrets de la convention interdiront même aux armées de la république de tuer les enfants, les femmes, les vieillards et les hommes sans armes. Mais ces ordres ne seront pas respectés. Le général Turreau, suspendu en mai 1794, sera suivi par d'autres responsables républicains également suspendus et accusés. Ces décisions traduisent une reprise en main des rênes de l'État dans la région par le Comité de salut public, qui parviendra durant l'année à contrôler les violences aveugles des bataillons républicains et de certains de leurs chefs.

Chapitre 20.

Troisième séance du tribunal, lundi 24 décembre 1956.

Conclusions provisoires de l'accusation.

– Bien, Messieurs, nous allons terminer très rapidement cette séance, c'est demain, le jour de Noël et je suppose que vous avez tous des obligations familiales pour les heures qui viennent. Nous entendrons les témoins de la Défense à la prochaine séance. Je vais demander à l'avocat général de rendre ses conclusions provisoires suite à l'audition des témoins de l'accusation.

– Merci, Monsieur le Président. Messieurs les jurés, vous avez entendu les quatre témoins, que disent-ils ? Ils disent tous que Maximilien de Robespierre s'est laissé emporter par sa fureur révolutionnaire et au minimum a laissé ses amis, son « peuple », comme disait l'un des témoins, instaurer la terreur. On nous dit, « Ce n'est pas lui, ce sont les autres ». Mais il était tout-puissant à cette époque, il pouvait s'y opposer, il pouvait l'interdire, il pouvait même la dénoncer. Et il n'a rien fait, il a laissé faire, et même il a provoqué cette terreur, il a laissé les méthodes du « complot des prisons » se mettre en place et prospérer, permettant ainsi lors de la grande terreur de tuer des milliers de personnes. Alors, pensez-vous qu'il soit innocent, parce qu'il n'a pas manœuvré lui-même la guillotine comme Charles–Henri Sanson[15] ? Pensez-vous qu'il soit innocent parce qu'il n'a pas plaidé les actes d'accusation comme Antoine Fouquier–Tinville ? Pensez-vous qu'il soit innocent parce qu'il n'a pas pensé et écrit les réquisitoires de culpabilité comme Saint–Just ? Non, il est tout aussi coupable, parce qu'il en a été l'inspirateur ! Vous devez le déclarer coupable, et par là même ne pas organiser la célébration du bicentenaire de sa naissance par notre République. Je vous remercie.

---

[15] Héritier d'une famille de bourreau, il exécuta 2918 condamnés entre juillet 1789 et octobre 1796.

Chapitre 21.

Maximilien de Robespierre, prison du Luxembourg.

Le 10 thermidor an II (28 juillet 1794).

Je me souviens de cette journée funeste d'hier. Ils m'ont arrêté ainsi que mes amis. Tous ces traîtres et ces profiteurs de la nation. Ces derniers jours, je m'en étais ouvert aux jacobins, je savais que l'on complotait contre nous. Les manœuvres pour notre chute avaient cours au sein de la convention, mais aussi dans les comités.

J'avais mis en garde l'Assemblée, des faux discours patriotes d'un homme comme Dubois Crancé. Lui, qui avait permis aux insurgés de Lyon de pouvoir s'échapper. Lui qui avait mis le feu en Bretagne et avait promis la mort de tous les Bretons. Je l'avais fait exclure des jacobins. Mais j'aurais dû le faire pour tous ses complices, tous les Fouché, Tallien, Carrier, Rovère, Bourdon qui avaient instauré la terreur et s'en étaient servi pour assouvir leur soif de richesse. Je l'ai exprimé à la tribune, mais je ne les ai pas nommés. Alors oui, je porte une responsabilité importante dans la réussite de ce coup d'État.

La réunion de conciliation que Barère avait organisée le 5 thermidor m'avait fait baisser la garde. Marat avait raison de le considérer comme l'ennemi le plus dangereux et le plus rusé des politiques, habitué à trahir et à suivre le chemin de ses intérêts.

Et puis j'étais fatigué. Oui, fatigué de toutes ces manœuvres de ces faux patriotes. Il y a encore peu de temps, ma seule crainte n'était pas de mourir ! Oh non, mourir pour le peuple, cela était juste ! Mais mourir pour être, par la suite calomnié et diffamé, et d'être ainsi abhorré par lui, mille fois non ! Je n'ai jamais craint les puissances étrangères, les émigrés royalistes, les ennemis déclarés de la convention. Non, ce que j'ai toujours craint, c'est l'attitude sournoise et malsaine qu'avaient les soi-disant patriotes à mon égard. Bien sûr, je n'étais pas insensible aux flatteries, et puis je voulais convaincre.

Ma blessure me fait atrocement souffrir. Nombre de mes anciens courtisans, souvent membres de la convention qui m'avaient tant applaudi, m'ont injurié lorsque je fus transporté au Comité de salut public, allongé sur une table, ma tête reposant sur une petite boîte. Je les ai regardés fixement, surtout les employés du Comité que je reconnaissais. Quelques-uns, pris de pitié, m'ont mis entre les doigts du papier, faute de linge, pour que je puisse essuyer ma blessure. Un médecin militaire m'a pansé et m'a lavé le visage. Je savais que j'agonisais.

Ils nous ont séparés, je ne sais pas où mon frère Augustin a été emmené. Il est blessé, est-ce grave ? Je l'ai vu se tenir sur le rebord d'une des fenêtres de l'hôtel de ville, ses chaussures à la main. Il hésitait, puis entendant un crieur dire que nous étions mis hors la loi, il a sauté dans le vide. Hors la loi !

C'est fini pour mes amis comme pour moi, ils ne prendront même pas le temps de nous juger, trop dangereux. Ils nous tueront dans la journée. Par contre, ils prendront le temps de nous déshonorer, de flétrir notre lutte et notre combat, prétextant que nous étions des monstres de haine, alors que nous ne faisions que défendre les plus pauvres et les plus démunis. Et puis, après avoir tué ou disqualifié nos soutiens, ils reprendront leurs trafics pour s'enrichir sur le dos de la révolution.

Ma douleur grandit. Je vois difficilement. Mes saignements sont constants. Je n'ai même plus la force de réclamer de quoi écrire, et puis pour écrire quoi, pour me justifier de quoi, pour laisser une lettre à qui ? Mon frère va mourir avec moi dans les heures ou les jours qui viennent. Mes amis sont arrêtés. Il reste ma sœur, Charlotte.

Je regrette nos disputes de ces derniers mois. Il est vrai qu'elle voulait se mêler de mes actions, de ma vie, de mes relations. Mais je suis persuadé qu'elle le voulait pour mon bien. Je ne peux penser à elle, sans penser à la famille Duplay. Je crains maintenant pour celle-ci. On va certainement les inquiéter et même les arrêter.

J'entends le tocsin depuis peu. Ils ont averti les Parisiens de mon arrestation.

Je pense encore à cet instant, à Brount, mon dogue allemand que j'ai ramené de mon court séjour à Arras en 1791. Peut-être parce qu'il ne m'a jamais déçu. Son affection pour moi est désintéressée. C'est un animal, certes, mais il vaut beaucoup d'hommes. Ces hommes que j'ai connus et qui ne m'ont approché que parce que j'étais célèbre, parce que j'avais à leurs yeux du pouvoir, parce qu'ils pensaient que je pouvais les enrichir ou leur distribuer quelques miettes d'honneur. Je n'étais pas dupe de leurs intentions. Mais il faut avouer que cela me plaisait au début de les avoir séduits par mes qualités de réflexion, par mes idées, par ma perception de ce monde, de par ma pensée.

Mon chien ! Que va-t-il devenir !

La douleur revient, ils ont essayé de me soigner, mais que peut faire un médecin, avec le coup de pistolet que ce gendarme a tiré à bout portant. Pourquoi donc a-t-il voulu me tuer ? Lui en a-t-on donné l'ordre pour que je ne parle pas ? De toute façon, ils ne voudront pas d'un procès. Pour moi comme pour tous les membres de la Montagne, arrêtés à l'hôtel de ville[16], ils vont nous conduire directement à l'échafaud.

---

[16] 70 personnes membres de la Convention ou de la commune de

Je voulais dénoncer les membres de ce complot, et donner en exemple à l'Assemblée leurs dérives de faux patriotes. Ils nous ont dénoncés avant, mais sans l'ombre d'une preuve. Ils ont décidé de mon arrestation, ainsi que celle de mon frère, de Saint-Just, de Couthon, de Le Bas, et de tant d'autres.

Paris, presque tous députés ou élus par le suffrage universel. Il s'agissait bien d'un coup d'état, fomenté par ce que l'histoire dénommera « les Thermidoriens ».

Chapitre 22.

Troisième séance du tribunal, jeudi 27 décembre 1956.

Audition des témoins de la Défense.

– Bien, Messieurs, nous allons maintenant entendre les témoins de la défense. Maître, c'est à vous.

– Monsieur le Président, avant d'appeler à la barre mon premier témoin, je souhaite lire à la cour une lettre. Rassurez-vous, elle sera rapide, mais instructive. Elle fut découverte dans la correspondance qui fut saisie au domicile de Georges Danton. Peut-être avait–il le dessein de s'en servir contre ses ennemis, ou était–il lui-même au cœur des intrigues qu'elle dévoile ? Nul ne le sait, mais en voici la teneur :

« Whitehall, vendredi 13 septembre 1793

L'information que vous nous avez dernièrement envoyée a été très satisfaisante et donne à 12 une satisfaction qui lui va droit au cœur. Nous désirons que vous continuiez vos efforts et que vous avanciez 3 000 livres à C. D, 12 000 à W., et 1 000 à De M. pour les services essentiels qu'ils nous ont rendus en soufflant le feu et en portant les Jacobins au paroxysme de la fureur. Nous espérons que, grâce à vos efforts et à ceux d'autres personnes que nous vous enverrons bientôt, le vieux 7 sera bientôt de nouveau rétabli ou pour le moins, que le présent 0 se prolongera pour quelques années. Nous sommes décidés à faire droit à la demande de C.D., vous voudrez bien lui avancer 18 000 livres et être assez aimable pour l'aider à découvrir les canaux dans lesquels l'argent peut être distribué avec le plus de succès. Nous avons une grande quantité d'affaires à traiter aujourd'hui au ministère, cette circonstance m'oblige à écrire moi-même pour S. ».

Cette lettre a été adressée par le Foreign Office Britannique à Jean–Frédéric Perrégaux, banquier suisse, installé à Paris dont le rôle essentiel était de distribuer de l'argent à certains Jacobins et notamment aux plus virulents de ceux-ci, les Exagérés.

– Un peu de silence Messieurs, expliquez-vous Monsieur Vergès !

– C'est très simple, Monsieur le Président, la Banque britannique avait des représentants à Paris, dont Perrégaux faisait partie, pour financer les meneurs de la Commune afin, non pas de rétablir la royauté, mais bien de provoquer les désordres plus importants en France, et lutter contre Robespierre et ses amis qui essayaient de maintenir le pays au rang des grandes puissances. Mais ce n'était pas l'objectif de Pitt et de la Grande-Bretagne qui voulaient faire de notre pays, une puissance de second rang.

– Quels sont les noms cités dans cette lettre, et dissimulés par des initiales ?

– Sachez d'abord que le principal relais du Banquier au sein de la Convention était Jean–Nicolas Pache, ministre de la guerre en 1792, maire de Paris en 1793, proche d'Hébert, mais qui sut échapper à la guillotine grâce à certains amis du Comité de Sûreté générale qui, eux aussi, faisaient partie de cette corruption. C.D., c'est Chemin–Deforgues, ministre des Affaires étrangères, sous la coupe de Barère qui embaucha de nombreux espions anglais au ministère. W, c'est Jean–François Westermann, général en Vendée qui provoqua de nombreux massacres comme on nous l'a expliqué, à la demande là aussi de Barère.

– Voulez-vous insinuer que les massacres en Vendée avaient pour seul but de discréditer la Révolution !

– J'emploierai plutôt les termes de déshonorer la République, Monsieur le Président ! Pour poursuivre ma démonstration, je souhaite appeler à la barre Camille Labrousse.

– Messieurs, je m'appelle Camille-Ernest Labrousse, je suis né le 16 mars 1895 à Barbezieux, en Charente. Je suis le président de la société des études Robespierristes. Nous rassemblons un grand nombre d'enseignants et de chercheurs français et étrangers, passionnés par la Révolution française et par Robespierre. Je suis agrégé d'Histoire et de Géographie, professeur à la Sorbonne et j'occupe la chaire de l'histoire économique et sociale.

– Expliquez-nous pourquoi, vous êtes ici pour témoigner ?

– Je me suis intéressé et j'ai étudié durant des années la Révolution française. Parmi mes recherches, j'ai pris connaissance de nombreuses lettres, faisant part de la corruption qui sévissait alors. J'ai poursuivi mes recherches, non par goût de la morale ou par désir de ternir cette période importante pour notre histoire et pour l'histoire de l'humanité, non. Je l'ai fait, car toutes les périodes, tous les régimes ont eu leurs corrupteurs et leurs corrompus, durant la royauté, la révolution, l'empire, la restauration et même sous les républiques, quels que soient leurs numéros. Et si je me suis intéressé à ce sujet, c'est parce que cela donne un éclairage particulier sur la période qu'on a dénommé la terreur, puis la grande terreur. Pourquoi donc une Assemblée élue en septembre 92, et pour la première fois élue en France au suffrage universel, pleine de bonnes intentions, ayant voté tant de lois républicaines qui font encore le socle de notre nation, pourquoi donc cette Convention vota-t-elle la terreur avec la création du tribunal révolutionnaire en mars 93, puis la grande terreur en juin 94 et par, à chaque fois, une écrasante majorité ? C'est ce que je vais essayer de vous expliquer.

– Monsieur le Président, nous n'avons plus besoin d'un cours d'histoire et de plus nous nous éloignons de notre sujet, de notre procès sur l'accusé Robespierre.

– Monsieur Labrousse, votre exposé va-t-il nous éclairer sur l'accusé ?

– Oui, Monsieur le Président et je pense que cela va permettre au jury d'avoir l'ensemble des éléments lui permettant de juger en toute connaissance de cause.

– Veuillez poursuivre !

– Bien, sous un certain éclairage on peut expliquer l'inexplicable. Car enfin, on peut toujours décrire par les faits de l'Histoire, la lutte des Girondins et des Jacobins contre les feuillants et les royalistes. On peut aussi expliquer la lutte des Jacobins et des Montagnards contre les Girondins qui dès la fin de 1792, s'alliaient aux royalistes et soulevaient les régions contre la convention. On peut toutefois s'étonner que ces mêmes Jacobins et Montagnards se divisent par la suite et utilisent entre eux cette même guillotine qui avait expédié tant de royalistes et de Girondins dans les cimetières. D'abord les Hébertistes, puis les Dantonistes, puis les Robespierristes les rejoignirent dans les allées de ces fosses communes. Pour l'expliquer, il y a eu pendant longtemps, une seule explication, « c'est à cause de Robespierre, le tyran ». Elle est commode, facile pour les intelligences moyennes et paresseuses, mais elle ne résiste pas à l'étude historique de cette époque. Certains voient cet homme tantôt comme un aspirant dictateur. Mais alors pourquoi ne l'a–t–il pas mise en œuvre et ne s'est-il pas emparé du pouvoir comme certains de ses amis l'y poussaient, et Danton le premier. D'autres le voyaient comme un ambitieux qui ne supportait pas la contradiction et voulait tous les honneurs. Mais alors pourquoi le Comité de salut public, la Convention, l'opinion le suivaient-il dans ses demandes, ses propositions, ses lois et ses décrets ? Car il les faisait tous voter. Difficile de comprendre, sauf si l'on pense qu'il y avait d'autres éléments pour expliquer ces luttes et ces divisions. La responsabilité, que l'on attribue à Robespierre en lui faisant porter tous les meurtres de la terreur et les massacres de la révolution, était un leurre. Un leurre, dis-je, inventé par ceux-là mêmes qui ont conspiré pour sa chute. On peut aussi réfléchir à un autre qualificatif qu'on lui a donné et que même ses ennemis de l'époque n'ont pas pu dissimuler aux yeux de l'Histoire, c'est : « Robespierre, l'incorruptible ». Et oui, Messieurs, l'incorruptible, celui qui ne se laisse pas acheter, corrompre, orienter, fléchir, celui qui ne transige pas…

– Venez-en au fait, Monsieur.

– Bien, Monsieur le Président. Pour en venir aux faits, il faut donc que je vous explique quelques écrits, que l'on retrouve dans les archives de votre Assemblée et qui détaillent les séances

157

de la Convention. Au lendemain de l'arrestation des Girondins, en juillet 1793, on dénonce au comité, une faction d'hommes qui veulent prendre le pouvoir, ou plus exactement qui l'ont déjà pris pour spéculer à leur aise et faire des affaires. Des hommes corrompus, qui non contents de s'enrichir, ont investi tous les rouages de la République et depuis longtemps. On dit que ces hommes ont infiltré tous les comités, non seulement pour faire fortune, mais aussi pour obéir aux ordres de l'étranger et mettre le désordre en France afin de calomnier les jacobins et la Convention. Quelle est la part de vérité, quelle est la part de mensonge ou d'affabulation, on ne sait pas. Cependant à la lumière des documents retrouvés des correspondances privées et des actes notariés de cette époque, on peut décrire d'un jour nouveau les méandres de l'Histoire de notre Révolution. Ces corrupteurs ont des noms, ces corruptions ont des domaines de prédilection. C'est le député Delaunay d'Anjou qui s'enrichit grâce à la compagnie des Indes. C'est le député Fabre d'Églantine qui s'enrichit sur les fournitures vendues à l'armée. C'est le député Julien de Toulouse qui monnaye ses rapports complaisants. C'est l'abbé d'Espagnol, qui détourne le matériel et les fournitures de l'armée, avec la complicité de Dumouriez. C'est le député Chabot qui moyenne son pouvoir et son influence auprès des banquiers autrichiens Frey, en épousant leur sœur avec une dot de 200 000 livres. C'est le député Basire, aidé par l'ami de Danton, le député Courtois, qui agiote sur la viande et la Compagnie des Indes. C'est le général Rovère et le député Coultier qui lors de leur mission dans le Vaucluse, dérobent les biens nationaux. Ce sont Barras et Fréron qui volent à Marseille les biens des royalistes arrêtés. C'est le député Tallien qui monnaye aux aristocrates bordelais leur mise en liberté. La liste est longue, je pourrais la continuer, les députés Robert, Hérault de Séchelles, Reubel, Merlin et bien d'autres. Et puis, le plus célèbre d'entre eux, Danton. Oui, Danton, qui dans une lettre privée de Mirabeau à Lamarque l'argentier de Louis XVI et retrouvée en 1850, était cité pour avoir touché 30 000 livres pour prix de ses services.

– Où voulez-vous en venir ?

– Ce sont ces personnes, Monsieur le Président, qui ont voté, appuyé et soutenu la terreur pour s'enrichir. Et pour cela, ils se sont servis de Robespierre et de ses soutiens.

– Avez-vous des preuves ? Des écrits ?

– Toujours les archives, Monsieur le Président. C'est Danton qui a créé le tribunal Révolutionnaire le 9 mars 1793. C'est Danton qui a fait circuler cette phrase : « il faut mettre la terreur à l'ordre du jour ». C'est à cause des tentatives diverses et souvent réussies de supprimer la loi du Maximum, qui bloquait les prix, d'instaurer le calendrier révolutionnaire et la terreur religieuse, de spolier les biens des condamnés que

Robespierre fait arrêter d'abord les Hébertistes, les plus archi–révolutionnaires, qui souillent la Révolution. Puis les Dantonistes, les plus citra–révolutionnaires, car entre-temps Danton s'est fait modéré. Ses amis veulent ouvrir les prisons et faire déconsidérer la Révolution. On parle beaucoup de complot royaliste, le peuple a peur. Robespierre et Saint-Just prennent alors les mesures nécessaires contre les ennemis de la Nation. C'est l'époque de la terreur qui va servir les desseins des puissances étrangères, car elle fera apparaître la Révolution française comme une monstruosité.

– Bien, Monsieur l'avocat général, vous avez la parole pour contre interroger le témoin.

– Monsieur Labrousse, pouvez-vous nous dire pourquoi Robespierre détestait l'abbé Jacques Roux ? Et nous présenter ce personnage.

– Jacques Roux était un abbé ultra–révolutionnaire, faisant partie de ceux qu'on appelait « les Enragés ». On le surnommait « le petit Marat ».

– Et ?

– Il est vrai que Robespierre lui vouait une haine implacable.

– Pourquoi ?

– Certainement pour ses idées que ne partageait pas Robespierre. Il en vint à le poursuivre de sa haine à tel point qu'il se suicide en prison.

– Pouvait-on dire que Robespierre était un être orgueilleux, vaniteux, et capable de haine ?

– Oui, certainement, mais aussi de justice !

– Peut-on dire que Robespierre confondait l'idéal révolutionnaire et la vertu privée ?

– Oui, certainement, il ne les dissociait pas.

– Vous dites que Robespierre ou plus exactement vous laissez entendre qu'il n'était pas un sanguinaire, ni un adepte de la guillotine, mais Danton et ses amis auraient-ils été exécutés s'il n'y avait pas eu Robespierre ?

– Non.

– Hébert et ses amis auraient-ils été exécutés s'il n'y avait pas eu Robespierre ?

– Non.

– Alors, il participait à cette terreur, peu importe la distinction entre la bonne et la mauvaise terreur, la distinction entre la guillotine rédemptrice et la guillotine corruptrice.

– Il a agi pour le bien de ses concitoyens.

– Au point d'être aveuglé par ses idées et de devenir un bourreau.

– Attendez, il a par deux fois demandé au Comité de Sûreté Générale de révoquer Fouquier-Tinville. Il considérait que trop de têtes tombaient à cause de lui. Il le demanda le 24 juin 1794, quelques jours après le vote de la loi de prairial qui avait été faite pour juger les proconsuls et les députés corrompus. Mais le comité qui se composait à ce moment-là de ses ennemis, refusa, prit fait et cause pour l'accusateur public. On a tué plus de personnes en 40 jours, durant l'absence de Robespierre du comité, que sur les six mois précédents.

– Pourquoi cette absence durant les six semaines qui ont précédé sa destitution ?

– Il ne supportait pas d'avoir été mis en cause et traité de dictateur par les membres des comités, et puis on pense qu'il était gravement malade, d'où ses absences à répétition durant les derniers mois.

– Merci, je n'ai plus de question !

Chapitre 23.

Troisième séance du tribunal, jeudi 27 décembre 1956.

Audition des témoins de la Défense.

– Monsieur le Président, si vous le permettez, nous allons entendre le second témoin de la défense qui va nous éclairer sur la maladie de Robespierre.

– Faites.

– J'appelle à la barre, le docteur Pierre Ferrand, l'un de nos collègues.

– Vous me connaissez, chers collègues. Je m'appelle Pierre Ferrand, je suis né le 19 mars 1913 dans la Creuse, à La Saunière. En plus de mes fonctions législatives, je suis chef du service de radiologie et de cancérologie du Guéret.

– Bien Docteur, que pouvez-vous nous dire sur l'état de santé de Robespierre ?

– Il était gravement malade. Pour établir cette affirmation, je me suis basé sur le témoignage de son médecin traitant Joseph Souberbielle, et sur les descriptions de ses contemporains. On a longtemps pensé qu'il était atteint de tuberculose, mais je ne le pense pas. Par contre, il avait certainement contracté la petite vérole dans son enfance, ce qui explique les anciennes traces sur son visage. Il souffrait de la jaunisse et avait les yeux de couleur jaunâtre, d'où les lunettes qu'il portait en permanence. Il avait aussi des éruptions cutanées et des saignements de nez. Certains des témoignages indiquaient qu'il couvrait son oreiller de sang, la plupart des nuits, à la fin de sa vie.

– Quel est le rapport avec notre procès ?

– On y arrive, Monsieur le Président, on y arrive. Tous ces symptômes ont–ils un nom ?

– Oui, mais que ne connaissait pas son docteur, à l'époque. Cette maladie a été décrite pour la première fois en 1877 par le professeur Jonathan Hutchinson. C'est une maladie dont l'origine est encore inconnue de nos jours. C'est une pathologie inflammatoire qui attaque les poumons, les ganglions, la peau, les yeux, et les reins. S'il n'était pas mort guillotiné en juillet 1794, il serait, n'en doutons pas, mort très jeune, peut-être dans les mois ou dans les années qui suivaient. De nombreux témoins ont décrit sa fatigue extrême, ce qui explique ses absences répétées lors des réunions du comité et de la convention, ainsi que ses erreurs de jugement, notamment dans les derniers mois.

– Pensez-vous qu'il se sentait mourir ?

– Comment expliquer certaines phrases prononcées juste avant son arrestation les 26 et 27 juillet 1794, alors qu'il est de retour à la Convention, il dit « j'ai un certain nombre de choses à vous dire avant de mourir ». La maladie peut expliquer, par ses attaques sur le système nerveux, une diminution des facultés d'analyse et favoriser l'irritabilité. Dans les derniers mois, il ne supportait plus la contradiction et le conflit. Il était devenu un peu paranoïaque, certain d'être seul contre tous. Mais là, c'est une interprétation personnelle. On connaît encore mal cette maladie, même de nos jours. On pense qu'il s'agit d'un dysfonctionnement du système immunitaire, qui s'aggrave avec le temps.

– Êtes-vous certain de votre diagnostic ?

– Aussi certain que l'on peut l'être, sans avoir ausculté le patient et en se basant sur des témoignages. Si ce n'est pas cette maladie, alors il avait tous les signes de la tuberculose. De toute façon la fatigue, la douleur et les problèmes nerveux étaient patents. Il se sentait mourir, et il ne devait plus avoir la force de lutter, cela explique peut-être son souhait de ne pas s'opposer par la force à son arrestation et de n'avoir pas fait appel aux sections insurgées des faubourgs parisiens.

– Merci Docteur, le témoin est à vous.

– Docteur, cette maladie que vous décrivez, depuis quand en était–il atteint ?

– Je ne peux pas vous le dire.

– Donc vous ne basez vos dires et déclarations que sur des présomptions, des suppositions, en aucun cas sur des faits et des vérités ?

– C'est exact.

– Merci, je n'ai plus de question.

– Bien, le troisième témoin de la défense.

– Oui, je souhaite appeler à la barre, le docteur Louis Corman.

– Un vrai défilé de la faculté !

– Monsieur l'avocat général, veuillez respecter la défense ! Présentez-vous à la cour.

– Je m'appelle Louis Corman, je suis professeur, médecin psychiatre à l'hôpital Saint-Louis de Paris. J'ai étudié longuement la forme du visage de mes patients, pour expliquer ou tenter d'expliquer leurs traits de caractère et ainsi leur maladie. Le concept que j'ai formalisé s'adresse aussi à toute personne en bonne santé et permet de décrire ce que j'appelle l'interaction entre le milieu, les fonctions corporelles et l'apparence présentée par le visage du malade.

– Complexe, Docteur, votre théorie !

– Oui, mais cela permet de comprendre un concept assez vieux qui veut que l'homme, l'individu, « s'épanouisse » si les conditions sont favorables ou, au contraire, « s'amenuise » si elles sont hostiles. Pour terminer, on peut penser que le visage, dans sa forme et dans ses diverses expressions, détermine le caractère et les tendances. On peut noter qu'il « traduit » l'histoire de la personne. Il explique aussi les pulsions vitales, le tempérament, les actions que mettra en œuvre l'individu.

– Si je vous comprends bien, vous allez nous décrire les actions de Robespierre par l'étude de son visage.

– C'est exact, Monsieur le président !

– Amusant, on vous écoute !

– Je vais essayer, Monsieur le Président de rendre mon analyse compréhensible. J'ai parfois tendance à employer des termes scientifiques et difficiles à « traduire » en langage courant.

– Eh bien, nous allons essayer de vous « traduire ».

– La tendance principale de la forme de son visage révèle une pensée forte, conceptualisée au maximum, une réflexion intense. Il sait se projeter dans le temps, et comprendre ou percevoir les situations à venir. Il a des capacités importantes de rapidité dans la pensée. Il est curieux du monde qui l'entoure. Il perçoit la finesse et la complexité des situations et des personnes. Il élabore très vite ses théories, mais parfois trop vite, il peut manquer de recul. Il possède un sens inné du devoir et il respecte profondément les règles de la société. Dans ses relations avec autrui, il est passionné, ardent, mais parfois brutal. Il n'est pas chaleureux, mais souvent direct et abrupt. Il appréhende les situations avec ardeur et passion. Il est prompt, rien ne lui échappe. Il est focalisé sur l'avenir, canalisé vers l'avant, c'est un rétracté latéral…

– Stop ! Bien, j'avoue qu'on reste un peu ébahi par votre théorie, mais bon, cela aura eu le mérite de nous apprendre quelque chose. Des questions, Monsieur l'avocat général ?

– Oui, une seule, l'étude du visage se formalise par la personne que vous avez face à vous, je me trompe ?

– Non, non, c'est cela !

– Alors, comment avoir pu décrire la personnalité de cet homme, vous ne l'avez jamais vu !

– Exact, mais on peut aussi travailler à partir de photographies !

– Mais, pas de photographies à l'époque. Uniquement des portraits sur des tableaux, et qui ne reflétaient pas forcément la réalité. On avait tendance à avantager la personne qui vous commandait le tableau, je me trompe ?

– Non, vous avez raison, c'est pour cela que je me suis basé aussi sur le masque mortuaire que l'on a fait après sa mort.

– Objection ! Ce masque, soi-disant fait par Madame Tussaud pour son musée de cire à Londres, est un faux. Car, après l'exécution, on a mis le cadavre entier dans une charrette avec les autres. On les a jetés dans une fosse et détruits à la chaux vive. Les squelettes n'ont jamais été retrouvés !

– Permettez ! Personne n'a pu démontrer que ce masque est un faux. Une copie a existé dans le musée Curtius[17], et le peintre Jacques-Louis David, ami de Robespierre l'a vu durant l'Empire et a jugé que c'était bien fait et bien imité.

– Messieurs, cela suffit, autre témoin pour la défense ?

---

[17] Musée de cire ouvert sous Louis XVI. Célèbre durant la révolution, car il reproduisait les masques de cire des décapités. Il était situé boulevard du Temple. Détruit en 1830.

– Oui, Monsieur le Président, je souhaite appeler à la barre, Monsieur de Lamartine

Chapitre 24.

Troisième séance du tribunal, jeudi 27 décembre 1956.

Audition des témoins de la Défense.

– Présentez-vous !

– Je m'appelle Alphonse de Lamartine, je suis né le 21 octobre 1790 à Mâcon, et mort le 28 février 1869 à Paris. Je suis poète, auteur et homme politique.

– Vous avez écrit, Monsieur de Lamartine, un énorme ouvrage sur les Girondins.

– Oui, je l'ai dénommé « Histoire des Girondins[18] ». Je l'ai écrit de 1842 à 1846, en me basant le plus possible sur les documents de l'époque.

– Vous avez expliqué le rôle de Robespierre au sein du Comité de salut public dans les dernières semaines de sa vie, et vous avez dépeint ses ennemis. Étaient-ils nombreux ?

– Presque tous les membres des deux comités, ainsi que les proconsuls de la République qu'il avait fait rappeler pour les empêcher de continuer les massacres dans les régions. J'ai précisé que ces hommes avaient augmenté la terreur et les

---

[18] Voir les huit tomes à la B.N.F.

exécutions uniquement pour le discréditer, lui Robespierre, vis-à-vis de l'opinion, alors qu'il ne se présentait plus aux séances des Comités. Dans le huitième tome de mon livre, je cite les dernières tentatives de Barère et de Vadier pour le destituer, le ridiculiser et ainsi permettre le complot des thermidoriens.

– Toujours ce Vadier !

– Oui, toujours lui, on le surnommait le grand inquisiteur. À partir de septembre 1793, il est le président du Comité de Sûreté Générale. C'est lui qui est à l'origine des rumeurs sur le prétendu complot des prisons. Il œuvre activement à sa chute.

– Comment ?

– D'abord par le biais de Catherine Théot, une folle qui se prend pour la nouvelle Vierge Marie. Elle annonce dans ses prophéties, la venue d'un nouveau messie. Elle est en correspondance avec un conventionnel Antoine Gerle, un ex–moine, ami de Robespierre. C'est ainsi qu'on invente de toutes pièces et avec de fausses lettres une prétendue relation entre elle et l'incorruptible, et sans le nommer directement, Vadier laisse sous-entendre qu'elle est à la solde d'un futur dictateur. C'est au même moment qu'un bureau de police générale s'est constitué au sein du Comité de salut public, dont le responsable est Robespierre, aidé de Couthon et de Saint-Just. Vadier a peur de se voir accuser pour l'ensemble de ses affaires de corruption et de vengeance personnelle dans les arrestations qu'il a provoquées. Vadier l'a fait arrêter, se saisit de certaines pièces, notamment un certificat de bonne conduite révolutionnaire que Maximilien avait délivré à Gerle, en fabrique d'autres, et les garde jusqu'à son discours du 9 thermidor, jour de la chute de Robespierre. Cependant, en attendant ce jour-là, et ce fut sa dernière victoire politique, il fait convoquer le Comité de salut public. Sachant qu'il s'agit d'un coup monté par ses adversaires, il exige les pièces du procès de cette folle. Il parvient à décider le Comité d'une relaxe pour elle. C'était le 15 juin, le 28 juin lors d'une séance houleuse du Comité, il est accusé d'être un dictateur. Furieux, et en colère, il cesse alors à compter de cette date et jusqu'au 22 juillet, de se présenter à la convention ou au comité. Ses ennemis vont en profiter pour précipiter sa chute et son arrestation le 27 juillet, enfin le 9 thermidor.

– Comment ?

– C'est une autre affaire qui va précipiter l'ensemble, et on peut parler de complot. Elle a pour nom Madame de Sainte-Amaranthe. Fille d'un aristocrate, mariée à un roturier, abandonnée et jouissant par la suite de protection par ses nombreuses aventures, elle tient d'abord un salon qu'elle transforme ensuite en cercle de jeu au numéro 50 des arcades du Palais Royal en mars 1792. Ce cercle est fréquenté par le Tout-

Paris, et bien sûr par les nobles, mais aussi par les révolutionnaires. Sa fille Charlotte épouse la même année, le fils du comte de Sartines, ex–ministre de la police sous Louis XV. On dénonce toute la famille et ils sont arrêtés sous l'accusation de participation dans le « complot de l'étranger ». C'est bien sûr Vadier et Barère qui sont à la manœuvre.

– Pourquoi leurs arrestations ?

– Leur lien avec Robespierre ! Quelques semaines avant, cette dame ayant de l'admiration pour notre grand homme demande à le rencontrer par l'entremise de Monsieur Trial, membre de la comédie française et ami de Robespierre. Je me suis toujours demandé pourquoi il avait consenti à cette entrevue. Impressionné peut-être que les deux plus belles personnes de Paris, la mère Jeanne de Sainte–Amarhante et la fille Charlotte boivent ses paroles ? Désirant par leur intermédiaire gagner à sa cause certains royalistes pour amorcer le dessein qu'il avait d'en finir avec la terreur ? Toujours est-il que l'entretien a eu lieu et que lors de celui-ci, grisé sans doute par les deux beautés, il fait quelques confidences et notamment son projet de retourner la guillotine contre les coupables et d'arrêter les exécutions des innocents. Bien entendu, les dames ne se font par prier pour murmurer dans tout Paris, les confidences du grand homme. Bien sûr elles viennent aux oreilles de Vadier qui place ensuite des espions dans certains cercles.

– Pourquoi se focaliser sur ce genre d'affaires ?

– Robespierre était inattaquable. Mais le ridiculiser et ensuite le prétendre intime, avec des individus soupçonnés de complot contre la République, c'était habile. Aussi, plusieurs dizaines de personnes furent arrêtées et Vadier se chargea de l'acte d'accusation. Les amis de Maximilien l'avertirent. On voulait le diminuer aux yeux de l'opinion, et attaquer sa notoriété, en voulant l'associer à des aristocrates. Alors il se tut, il ne prit pas la défense de ces gens, pour certains des nobles, et donc forcément des coupables. Près de soixante personnes furent ainsi conduites sur l'échafaud sans preuves, sans délit véritable, uniquement pour discréditer Robespierre. Et il ne dit rien, plus préoccupé de sa popularité que de sa conscience. Car habilement, l'accusation avait prétendu que ces personnes conspiraient pour le tuer. Et donc, s'ils étaient guillotinés tous, notamment des femmes et même un enfant de quinze ans, le fils de Madame de Sainte–Amarhante, c'était bien sûr, sur ordre du « tyran ». On fit aussi tout pour que le peuple prenne en pitié ces malheureux, et le peuple murmura alors que le « dictateur était sanguinaire et sans pitié ». Le supplice dura trois heures. Le peuple alors se souleva, pour la première fois, contre le grand homme. Par crainte et par manque de courage, il avait perdu l'estime du peuple qui était son seul rempart contre ses futurs assassins. Il avait voulu se débarrasser de la terreur, on l'avait associé pour longtemps à son nom. Il prépara ensuite son discours qui allait être le dernier en deux parties. La première devait nommer les maux de la Révolution, les erreurs des comités, les égarements des lois. Il le fit le 8 thermidor. Le 9 thermidor, il devait prononcer la seconde partie de son discours, qu'il avait préparée pour, dit-on, nommer précisément les hommes corrompus des comités et leurs méfaits. Ce jour-là, on l'empêcha de parler. On l'arrêta avec ses plus fidèles amis et son jeune frère. C'était fini.

– On parle souvent pour cette période de terreur et de vertu. Vous l'avez, vous-même, décrit dans vos ouvrages, pouvez-vous nous l'expliquer ?

– C'est Robespierre qui l'a théorisé. Il indiquait que le principe fondamental du gouvernement démocratique, c'est-à-dire le ressort essentiel qui le soutient, c'est la vertu. Il parlait de la vertu publique qui avait opéré des prodiges dans la Grèce et dans la Rome antique. Elle devait en produire de bien plus étonnants dans la France républicaine. La vertu qui n'était pas autre chose que l'amour de la patrie et de ses lois. Il expliquait par contre que le ressort du gouvernement populaire en révolution est à la fois la vertu et la terreur. La vertu, sans laquelle la terreur est funeste. La terreur sans laquelle la vertu est impuissante. La terreur n'est autre chose que la justice prompte, sévère, inflexible. Elle est donc une émanation de la vertu. Il faisait la distinction entre le despote qui gouverne par la terreur ses sujets abrutis, et le gouvernement de la Révolution qui est le despote de la liberté contre la tyrannie. Il précisait que la démocratie sans la vertu périssait par deux excès, l'aristocratie de ceux qui gouvernent, ou le mépris du peuple pour les autorités qu'il a lui-même établies. Ce mépris du peuple qui fait que chaque individu attire à lui la puissance publique, et la ramène par un excès de désordre, à l'anéantissement ou à la dictature d'un seul.

– Merci, je n'ai plus de question, le témoin est à vous, cher confrère.

– Dans votre déposition, vous sous–entendez que Robespierre n'avait pas réagi à ces arrestations arbitraires par lâcheté ?

– C'est un bien grand mot, mais oui, on peut dire qu'il ne voulait pas apparaître comme un faible vis-à-vis de l'opinion, en défendant cette famille et leurs proches. Mais en même temps, on le désarmait, car c'était habile de déguiser l'accusation sous un projet de meurtre contre l'incorruptible, puisqu'en même temps on jugeait pour une tentative de meurtre sur sa personne,

Cécile Renault. On avait habilement comparé cette affaire à l'assassinat de Marat.

– Robespierre savait qu'ils étaient innocents ?

– Oui, bien sûr !

– Alors qu'elle est la différence entre un accusateur public comme Vadier et un homme qui ne dit rien pour les défendre comme Robespierre !

Chapitre 25.

Troisième séance du tribunal, jeudi 27 décembre 1956.

Suite audition des témoins de la Défense.

– Bien, Messieurs, nous allons poursuivre l'audition des témoins de la Défense. Maître, veuillez faire entrer votre dernier témoin.

– J'appelle à la barre, René Levasseur !

– Présentez-vous !

– Je me nomme René Levasseur, né dans la commune du Mans et mort en 1834. J'étais chirurgien, homme politique, député de la convention, commissaire de la république, en mission auprès des armées.

– Quels sont vos liens avec l'accusé ?

– Je suis, enfin j'étais l'un de ses amis, je l'avais soutenu dans le vote sur l'abolition de l'esclavage. Crime, pour lequel je me suis battu toute ma vie. Mais revenons à cette période, je me suis opposé aux Girondins, puis aux Dantonistes. Robespierre pensait que j'étais trop « faible », face à nos ennemis, car j'étais souvent prompt à pardonner. En fait, je m'opposais à la terreur, aux tribunaux d'exception, aux arrestations en masse et aux

179

exécutions sans preuve. En avril 94, je fus envoyé en mission dans les Ardennes. Je n'ai donc pas assisté directement aux évènements de thermidor, mais de retour à Paris, je m'en suis pris violemment aux « successeurs du tyran », comme je les ai appelés. Je me suis impliqué dans l'insurrection de germinal, ensuite emprisonné, puis amnistié en 95.

– Décrivez-nous en peu de mots, cette insurrection !

– C'est le soulèvement du peuple contre le gouvernement thermidorien. Le peuple avait faim durant l'hiver 94. Tout manquait, et le printemps 95 ne changea rien, bien au contraire. On réclamait du pain, et l'application de la Constitution de l'an I, celle qui avait été votée, mais non appliquée. Après la chute de Robespierre, la convention a évidemment libéré le commerce. On a mis fin à la loi du Maximum qui bloquait le prix du grain. Les prix ont augmenté, la monnaie s'est effondrée, l'inflation devint importante et la spéculation est partout. Le mouvement populaire des sans-culottes s'est insurgé, et a envahi la convention pour réclamer le pain et la justice. La répression des thermidoriens, aidés par le général Pichegru et les sections bourgeoises et royalistes furent sanglantes. La révolte gagna aussi la province. Les arrestations furent massives, les déportations aussi.

– Une répression sanglante ? Il y eut des exécutions ?

– Elles vont venir après, Monsieur le Président. C'est ce qu'on va appeler « la terreur blanche ».

– Donnez des précisions au jury !

– Ce sont les périodes de répression royaliste qui ont suivi la mort de Robespierre et de ses partisans. Blanche, car c'est la couleur de la royauté. La première vague de terreur se déroule principalement dans le sud-est de la France. Elle fait des milliers de morts. Des députés comme Fréron et Tallien, d'anciens partisans acharnés de la terreur révolutionnaire sont devenus des royalistes, et continuent leurs exactions, mais avec d'autres arguments politiques. Fréron, notamment organise les bandes de « muscadins ». Ce sont des milices royalistes qui parcourent les rues et s'acharnent sur tout ce qui ressemble ou est désigné comme sans culottes ou révolutionnaire. C'est une chasse aux faciès, aux habits, aux ouvriers. Ils sont armés d'un lourd gourdin. C'est alors que la convention, devenue en majorité réactionnaire et royaliste vote cinq décrets qui vont permettre le déchaînement de la terreur blanche. Le 10 janvier 1795, on autorise les émigrés à rentrer en France, s'ils travaillent la terre ou exercent un métier manuel. Seuls les émigrés partis après le 31 mai 1793[19] sont concernés dans un premier temps, leurs biens devant leur être rendus ou indemnisés en cas de vente. Le 21 février on reconnaît la liberté des cultes, ce qui permet le retour

___
[19] Date de l'arrestation des girondins, des royalistes et des nobles.

de nombreux prêtres réfractaires qui vont dénigrer la révolution, mais aussi chasser les prêtres assermentés. Le 23 février, on ordonne aux fonctionnaires, membres des autorités locales des tribunaux et des comités révolutionnaires de rentrer dans leur commune d'origine. Le 10 avril, on désarme les anciens « terroristes », c'est-à-dire les sections révolutionnaires et jacobines. Enfin le 11 avril, on généralise les dispositions du décret du 10 janvier à tous les émigrés. Peu de temps après, à Lyon, Marseille, Aix, des centaines de prisonniers jacobins sont massacrés. C'est le massacre des prisons, mais à l'envers. Les prêtres constitutionnels sont massacrés. Des bandes s'organisent un peu partout et sous couvert d'opinions royalistes rançonnent le pays. Les exactions se poursuivront jusqu'en 1799, date de la fin du directoire. On tue, on massacre, on noie, on pend les jacobins et les républicains. Oui, ce ne sont plus seulement les jacobins qui sont poursuivis et tués, ce sont aussi tous les républicains. Alors, l'Assemblée prend conscience du danger. Le débarquement d'une armée royaliste à Quiberon en 1795, et l'insurrection royaliste du 5 octobre 1795, fait prendre conscience à nombre de députés que le pays est sous la menace d'une contre-révolution royaliste. Les modérés et les républicains vont alors s'allier pour les combattre.

– Je n'ai plus de question.

– C'est à vous pour le contre-interrogatoire.

– Vous avez dit au début de votre intervention, je cite : « je m'en suis pris violemment aux successeurs du tyran ». Qu'entendez-vous par « successeur du tyran » ?

– C'est de l'humour noir. Ils, les thermidoriens, se gargarisaient d'avoir fait face et d'avoir fait tomber le tyran, mais ces successeurs étaient tout aussi « tyran » que le grand homme, ils l'avaient suivi aveuglément durant sa vie, et après sa mort, ils ont poursuivi les massacres.

– Que reprochez-vous à Robespierre ?

– La faiblesse de ne pas avoir défendu certains de ses amis, on pouvait penser ce qu'on voulait de Danton, et je m'étais opposé à lui, mais on ne pouvait pas lui reprocher son courage, durant les moments difficiles.

– Avez-vous un exemple de cette lâcheté ?

– Oui, Camille ! Camille Desmoulins. Certes, il avait pris fait et cause à la fin contre les principes de la république qu'il avait défendue, mais enfin il l'avait écrit, dans un journal. L'arrêter et le faire condamner, c'était s'attaquer à la liberté de la presse. On condamne sur des actes, non sur des opinions. Au début, il l'a défendu, puis il a laissé faire. J'ai pensé à ce moment-là que la terreur n'agissait pas moins sur lui que sur le reste des Français.

– Peut-on comparer le nombre de victimes de la terreur révolutionnaire avec la terreur blanche que vous avez décrite ?

– J'aurai tendance à vous répondre que des victimes innocentes, sont et restent des victimes, mais non pas de nombres, certains et fiables entre les deux époques. Et puis, la terreur blanche ne fut jamais théorisée par le gouvernement. Il n'y eut pas de décrets votés ni d'actes d'accusation consignant les décisions et les verdicts.

– Nous pouvons donc continuer de croire que les actions et les décisions de Robespierre et de ses amis ont tué bien plus de personnes, et sans commune mesure avec les actions et les décisions des thermidoriens modérés ou royalistes !

– C'est vrai, mais les actions et les décisions de ces hommes ont aussi permis de battre à toutes les frontières les armées des coalisées. Ils ont permis de faire face aux guerres civiles qui menaçaient toutes les régions, de reprendre Toulon aux Anglais, Lyon et Bordeaux aux royalistes. Ils ont permis de voter des lois qui furent ensuite reprises par de nombreux pays. Ils ont permis enfin que le sentiment profond d'une république puisse s'installer dans le pays et évite par la suite un retour vers une dictature, fût-elle royaliste. Il ne s'agit pas pour moi de nier les aspects horribles et sanglants de cette période, mais bien de reconnaître que le but était de défendre la nation et de sauver la république. Les cinq années de 89 à 94 ont marqué notre histoire, et l'on se souviendra encore longtemps de ces hommes. Pour les cinq années suivantes, de 94 à 99, qui se souvient encore du nom de ces hommes, sauf un, un seul, Napoléon Bonaparte, celui qui réprima la révolte des royalistes en 95 avec ses hommes et ses canons, et qui porta le jugement suivant sur Maximilien de Robespierre : « il fut le bouc émissaire de la révolution ».

Chapitre 26.

Maximilien de Robespierre, prison du Luxembourg.

Le 10 thermidor an II (28 juillet 1794).

Le bruit des clés dans la serrure, la tête du gardien et les insultes qui fusent, voilà donc mon sort maintenant.

Le tocsin s'est arrêté. Le jour doit être levé. Quelques traits de lumière pénètrent par l'étroite lucarne de la porte de ma prison. Hier, en m'adressant au président de séance de la convention, lors de ce discours où je voulais dire la vérité. J'ai dit « pour la dernière fois, je te demande la parole, président des assassins ». Tallien, qui avait pris la présidence, m'a empêché de parler. Il me hait depuis la chute de son protecteur Danton.

Voilà un homme, membre des jacobins, avocat à la commune de Paris, responsable de l'arrestation et de la mort des ministres de Louis XVI, puis ardent partisan de la mort immédiate de Capet, sans procès. Il a ensuite voté la mort sans faiblir, des chefs girondins, alors que je prônais la clémence. Avec Danton, il voulait plus de terreur, plus de condamnations à mort. Grâce à son mentor, il est devenu pendant quelques mois, président de la convention. Au Comité de salut public, il me traitait de modéré ! Il en voulait toujours plus. Et puis il y a quelques mois, il s'oppose aux exécutions, avec son ami Danton, ils font partie de ce que Saint-Just nommait « les indulgents ». Lors de l'arrestation, puis de la condamnation de son ami Danton, il disparaît, ce qui lui a valu d'échapper à la prison et au procès.

Mais pourquoi donc, un sanguinaire comme lui, comme Danton ont-ils fait volte-face et se sont opposés aux arrestations par la suite ? Et s'il voulait venger son ami, pourquoi ne l'a-t-il pas défendu, lui et les autres lors du procès ?

Ils m'ont accusé de vouloir recommencer la journée du 31 mai 1793, qui avait vu l'arrestation des chefs girondins, mais c'est faux. Je voulais simplement que l'Assemblée puisse m'entendre dénoncer les profiteurs de la terreur, les corrompus de la république.

Ah, que n'ai-je cité de suite les membres de la convention qui recevaient dans le plus grand secret les espions anglais. Que n'ai-je montré à la tribune, les journaux qui annonçaient bien avant l'heure mon arrestation.

Modéré, décidément, beaucoup de monde me le reproche. Marat en faisait partie. Un jour, il vint me voir à mon domicile. Il était venu se plaindre de l'indulgence de la révolution. Il me précisait qu'il m'estimait beaucoup, mais m'estimerait plus si seulement j'étais moins « modéré» avec les aristocrates. Je lui répondis que je lui faisais le reproche inverse. Qu'il compromettait la révolution par ses prises de position excessives. Qu'il faisait tout pour qu'elle soit haïe par tous. L'échafaud est un moyen terrible pour nous défendre, il faut en user sobrement, lui dis-je. Il me précisa qu'il me plaignait, que je n'étais pas à la hauteur. Possible, lui dis-je, mais je serai peiné d'être à la hauteur. Nous ne fûmes jamais amis ni proches.

Contrairement à Camille. Ah que n'ai-je donné pour le voir abandonner son emportement à vouloir accuser le Comité de salut public de dérive et de tyrannie. Il s'est laissé emporter par d'autres, et malheureusement, on ne pouvait plus le convaincre qu'il avait tort...à moins que cela soit moi qui avais tort, et lui raison.

Chapitre 27.

Quatrième séance du tribunal, vendredi 28 décembre 1956. Réquisitoire de l'avocat général et de la défense.

– Bien, Messieurs, de nouveau veuillez m'excuser d'avoir convoqué le tribunal aujourd'hui, mais nous devons accélérer le procès. Nous allons donc entendre Monsieur l'Avocat général, mais avant je voulais savoir si la défense souhaitait ajouter des éléments suite à l'audition de ses témoins.

– Oui, je voulais préciser certains points. Notamment le fait que des Montagnards ayant rejoint le complot des Thermidoriens regrettèrent par la suite. Ce fut le cas de Levasseur qui, exilé à Bruxelles, dit à la fin de sa vie « Robespierre, c'est mon seul remord, la Montagne était sous un nuage quand elle l'immola ». L'ignoble Vadier précisa « il y a dans ma vie un seul acte que je me reproche, c'est d'avoir méconnu Robespierre et d'avoir pris ce citoyen pour un tyran ».

– Monsieur l'avocat général, c'est à vous.

– Merci, je ne vais pas vous abreuver d'un long discours pour essayer de démontrer la culpabilité de ce Monsieur, ce Citoyen comme on disait en l'an II de la première République. Vous avez déjà entendu mon réquisitoire provisoire, il y a quelques jours. Je voudrais cependant ajouter les précisions suivantes. Peu importe que Robespierre ait ou non été à l'initiative de cette loi de la grande terreur et qu'il ait voulu ou non celle-ci. S'y est-il opposé ? A-t-il dénoncé les arrestations et les abus ? A-t-il supprimé les tribunaux révolutionnaires ? S'est-il opposé aux massacres de juin et juillet 1794 ? Non, à chaque question, on répond non. Il a privilégié à chaque fois un idéal irréaliste et irréalisable au détriment de la justice. Arrêtons-nous un instant sur ce mot de justice ! Que signifie-t-il ? Il signifie qu'il existe un droit inaliénable de reconnaître et respecter les autres personnes, de reconnaître leurs opinions différentes, et respecter celles-ci, de ne pas les brimer, de ne pas les aliéner, de ne pas les nier, et permettre ainsi à chaque citoyen le droit de se défendre et de pouvoir être jugé avec justice. Qu'a fait Robespierre ? Il a nié cette justice an nom d'un idéal. Mais cet idéal a-t-il survécu ? Non ! On pourra toujours nous dire qu'il n'était pas le seul à être coupable, qu'il a porté à lui seul toutes les dérives et les massacres de la terreur qui ont permis l'assassinat de milliers de personnes. Oui, bien sûr, mais ce procès a-t-il été instruit pour nous éclairer afin de décider si la République doit célébrer le bicentenaire de sa naissance ? On ne doit pas savoir si les autres doivent être honorés, c'est hors sujet, hors de notre juridiction, comme diraient certains de nos collègues avocats. Donc, oui, il a permis, parfois initié cette terreur qui a conduit à l'assassinat de ces personnes. Et si je devais n'éclairer ses actes, que par quelques assassinats dont il s'est rendu complice, je citerais ce soi-disant complot des chemises rouges, dont on a déjà évoqué l'affaire devant vous. Moi, je vais le faire différemment.

– Soyez bref, s'il vous plaît, nous avons déjà abordé le sujet.

– Oui, Monsieur le Président, mais pas comme je vais le faire maintenant. Parmi les 54 personnes guillotinées le 17 juin 1794, se trouvait Aimée–Cécile Regnault, une jeune fille de 19 ans, elle était accusée d'avoir voulu attenter à la vie de Robespierre. Elle est morte guillotinée en même temps que son père, son frère, sa tante. Complot, dira le tribunal révolutionnaire, elle voulait assassiner le père du peuple, Maximilien de Robespierre. Une jeune fille de 19 ans, qui se rendait chez sa couturière, arrêtée dans la cour de la maison de l'incorruptible, avec un petit couteau d'après certains témoignages. Quand on l'interroge, elle dit qu'elle voulait juste savoir à quoi ressemble un tyran. Oui, un tyran, sachant pertinemment que cette jeune femme n'a pas voulu ou n'aurait pas pu attenter à sa vie. Il ne dira aucune parole, ne signera aucun acte pour la libérer ou mieux lui éviter l'échafaud. Alors oui, il est coupable et oui je demande qu'on rejette l'idée de la célébration de sa naissance. Messieurs, plaise à la cour !

– Merci, Monsieur l'Avocat général. La parole est à la défense pour sa plaidoirie.

– Messieurs, si nous déclarons Maximilien de Robespierre coupable, alors oui, c'est toute la République qui est coupable. Car il était la Révolution, il incarnait la République. Il y a souvent deux moyens de plaire à la foule et de satisfaire le peuple, c'est soit de les flatter, et c'est ce que nous savons tous faire avec plus ou moins de bonheur pour parvenir à nos objectifs d'élus du peuple, soit lui faire croire à ses vertus, c'est ce que savait faire Robespierre. On peut fouiller sa vie, parmi tant de corruptions, d'intrigues et de fortunes faites par les représentants du peuple, on ne trouvera pas une seule indélicatesse, un seul fait douteux, à part peut-être sa faiblesse de croire en la vertu, fidèle à cela aux pensées de Jean–Jacques Rousseau qu'il adorait. Car, ne nous trompons pas, Robespierre n'est pas Voltaire, c'est Rousseau. Ce n'est pas la fougue et l'homme de scandale qu'était Danton. Non, c'est le vertueux, l'idéaliste, celui qui doit créer l'homme idéal. En cela, on peut effectivement lui reprocher de sacrifier l'individu à l'idéologie. Mais il veut punir ceux qui combattent la liberté. Il veut supprimer le Comité de Sûreté Générale, épurer le Comité de salut public, écarter de la Convention ceux qui profitent de la Révolution. Cela sera sa vertu, mais aussi sa perte. Il veut combattre le crime, et non gouverner la nation, mais les criminels vont se liguer contre lui. Il est à l'initiative des lois, comme ce fut le cas de celle du 22 Prairial, mais a-t-il été le bourreau ? A-t-il été l'accusateur public ? A-t-il été le juge ? A-t-il fait partie des tribunaux révolutionnaires ? Non, et chaque fois qu'on a voulu le désigner dans une fonction de la justice révolutionnaire, il a répondu qu'il ne pouvait être l'accusateur de ceux qu'il combattait, car sa seule arme, c'était ses discours, ses mots. Posons-nous la question de savoir si Robespierre n'ayant pas animé, conduit, éclairé cette Révolution, posons-nous la question de savoir si nous serions aujourd'hui en République ? Si nous répondons oui, à cette question, nous devons l'innocenter et demander de fêter dignement le bicentenaire de sa naissance. Si nous répondons non, à cette question, alors nous ne devons plus célébrer ni les hommes, ni les évènements, ni les dates de notre Révolution française. Danton, Carnot, le peintre David, Desmoulins, Fabre, Hoche, La Fayette, Lebas, Saint-Just, Marat, Marceau, Mirabeau, Rouget de l'Isle, tous, nous devons tous les oublier, ne plus les célébrer. Oublier aussi le 14 juillet et la prise de la Bastille, oublier aussi le serment du jeu de Paume, oublier aussi la déclaration du droit de l'homme et du citoyen, oublier aussi la Marseillaise, oublier enfin la république. Messieurs merci de m'avoir écouté.

– Bien, Messieurs, le jury va se retirer et commencer à délibérer.

Chapitre 28.

Maximilien de Robespierre, prison du Luxembourg.
Le 10 thermidor an II (28 juillet 1794).

Que ne m'a-t-on pas reproché ces derniers mois. Au-delà du nom de tyran, on a fait de moi un futur monarque, un dictateur, un perfide qui voulait rétablir la religion catholique en tant que religion obligatoire, un exalté qui voulait se nourrir de mysticisme, un monstre qui tuait ses maîtresses, et un dévot qui voulait reconstruire le culte de la Vierge Marie.

Je voulais arrêter les massacres. Je voulais construire un gouvernement stable. Je voulais écarter tous ces assassins de la République. Je voulais… Mais il est trop tard. J'aurais dû agir avant, avant qu'il ne soit trop tard, avant que la révolution ne se souille de ce sang des innocents. Ce sont les assassins qui ont gagné, tous ces monstres, que je n'ai pas pu et parfois pas voulu arrêter.

Mon erreur ce fut aussi ce dernier discours à la convention. Il n'était pas compréhensible pour les députés de la plaine. Je prônais la clémence, ils comprenaient une terreur plus grande. Je vantais l'indulgence, ils entendaient une répression sans pitié. Je parlais de justice, ils saisissaient dictature. Pourquoi, n'avais-je pas été plus direct, plus simple dans ce discours. Peut-être que je savais que je portais une part de la responsabilité de ce qu'était devenue la révolution. En les dénonçant, je me dénonçais moi-même.

Pendant la séance, Vadier me critiqua pour l'affaire Théos. Juste après mon discours, le coup de grâce fut porté par Cambon, le ministre des Finances, que j'avais dénoncé pour ces malversations. Il retourna la situation, prétextant que c'était à cause de moi que les Finances étaient mauvaises, alors que je ne m'en occupais pas. Par contre, je savais qu'avec d'autres, il s'enrichissait sur le dos du peuple. Je n'étais plus, pour la première fois depuis longtemps, le tribun. La plupart des députés me vilipendaient. Je savais que j'avais perdu.

Paraître un objet de terreur aux yeux de ceux que l'on aime, c'est pour tout homme le plus affreux des supplices et le lui faire subir, c'est le plus grand des forfaits. Ce sont des manœuvres atroces employées par ces hommes pour étayer leurs extravagantes calomnies.

Je suis accusé d'avoir organisé et initié la période dite de la grande terreur en privant les accusés du droit de défense et de recours qui étaient auparavant permis. Mais je ne connais que deux partis, celui des bons et des mauvais citoyens. Qui suis-je, moi qu'on accuse ? J'ai été chargé momentanément, en l'absence d'un de mes collègues, de surveiller un bureau de police générale faiblement organisé au sein du Comité de salut public. Ma gestion s'est bornée à provoquer une trentaine d'arrêtés, soit pour mettre en liberté des patriotes persécutés, soit pour s'assurer de quelques ennemis de la révolution. Eh bien ! Croira-t-on que ce seul mot de police générale a servi de prétexte pour mettre sur ma tête la responsabilité de toutes les opérations du Comité de sûreté générale, des erreurs de toutes les autorités constituées, des crimes de tous les membres des tribunaux révolutionnaires ? J'ai été absent durant six semaines et on me traite de monstre sanguinaire par les exécutions commises durant cette période.

On dit que je suis responsable de cette loi, mais c'est la convention qui l'a décidé. Je l'ai proposé, mais elle pouvait la refuser, ne pas la voter. Devant l'Assemblée, j'en avais précisé les objectifs politiques. Le ressort du gouvernement populaire est dans la paix et la vertu. La révolution est à la fois la vertu et la terreur, la vertu sans laquelle la terreur est funeste, et la terreur sans laquelle la vertu est impuissante. Elle n'est pas autre chose que la justice prompte, sévère, inflexible. Elle est une conséquence du principe général de la démocratie, appliqué aux pressants besoins de la patrie en danger.

Mais, oui, je le regrette. Des milliers d'innocents sont morts par le vice des représentants de la convention en mission dans nos provinces. Ils ont outrepassé nos ordres. Ils ont pratiqué des massacres. Pourtant au-delà de ces excès, de ces meurtres, les révoltes ont été réprimées, les villes rebelles se sont soumises, les armées ennemies ont été battues à nos frontières.

Certains des membres de la convention m'ont décrit comme une personne non vertueuse. Ils m'ont accusé d'une ambition démesurée, d'une domination insolente. On a dit que je me faisais passer pour le persécuté alors que j'étais le persécuteur. On m'a accusé d'avoir avili l'Assemblée, car je ne respectais pas les lois qu'elle avait votées et que je faisais arrêter ses membres.

On m'a accusé d'avoir, durant des mois, été un despote. Que puis-je répondre ?

Un tyran ? Mais si je l'étais, ils auraient été à mes pieds, je les aurais gorgés d'or. Si je l'étais, les souverains et les despotes que nous avons vaincus, loin de me dénoncer me prêteraient leur appui, j'aurais transigé avec eux. Quelle est la puissance qui me protège ? Quelle est la faction à qui j'appartiens ? Il y a deux puissances sur la terre, la raison et la tyrannie. Partout où l'une domine, l'autre en est bannie. Ceux qui dénoncent comme un crime la force morale de la raison cherchent à rappeler la tyrannie.

Mais c'est peut-être la raison qui pousse à la tyrannie ?

Chapitre 29.

Quatrième séance du tribunal, vendredi 28 décembre 1956. Délibération du tribunal.

— Bien, Messieurs, de nouveau je renouvelle mes recommandations pour cette délibération. Nous devons promettre d'examiner avec l'attention la plus scrupuleuse les charges qui ont été portées, de n'écouter ni la haine, la crainte ou l'affection. Je vous rappelle que vous devez décider, d'après les témoignages et les déclarations que nous venons d'entendre et avec votre intime conviction. Je vous demande aussi de conserver le secret de nos délibérations après la fin de notre séance et de ne pas en parler au-delà de nos murs. Nous devons juger à la majorité qualifiée, soit sept votes sur douze, sachant que moi-même et mes deux assesseurs avons un droit de vote. Nous allons faire un tour de table et recueillir vos premières impressions et votre conviction. Si votre vote est définitif, prononcez-le, Monsieur Faure, vous avez la parole.

— Chers collègues, je ne vais pas vous parler ce jour en tant qu'homme politique ou député, ni même comme résistant que je fus comme beaucoup d'entre nous. Je vais aujourd'hui parler en tant qu'ancien professeur d'histoire. Lors de mes études, j'ai été nourri par les visions de la Troisième République, et par ses défenseurs, c'est-à-dire les hussards noirs, ces instituteurs qui nous apprirent beaucoup, mais parfois et je le dis sans détour, nous apprirent certaines contre-vérités. Non parce qu'ils le souhaitaient, non ! Mais bien parce qu'ils avaient eux-mêmes appris ces contre-vérités. Et sur la personne de Robespierre, ce fut le cas. On nous l'a présenté comme un tyran, ayant voulu et instauré la terreur. Mais tous les députés de la Convention l'étaient tout autant que lui. Il fallait bien un coupable aux yeux de l'histoire, ce fut lui. Il fallait un bouc émissaire pour expliquer l'inexplicable, ce fut lui. C'est vrai que Danton fut réhabilité, alors que les faits montrent ses faiblesses, parfois ses crimes. Mais pas Robespierre, alors que l'on nous a, également expliqué ses faiblesses, parfois ses crimes. Pourquoi cette différence, car si on condamne Robespierre, c'est toute la Révolution que l'on doit condamner. Et si on la condamne, alors c'est notre République que l'on doit aussi condamner. Et puis, il y a une chose que l'on ne peut oublier ni nier, et c'est peut-être là que se trouve la vérité sur le discrédit que l'on s'est acharné durant des décennies et maintenant, deux siècles à faire porter sur sa personne. Il fut certainement l'homme politique de la révolution le plus aimé par le peuple, celui en qui il croyait. C'est peut-être aussi pour cela qu'on a voulu non seulement sa mort, mais aussi son oubli. Je suis pour la commémoration de sa naissance, je le déclare non coupable.

– Monsieur Jean Guiton !

– Contre, je suis contre. Laissons le soin aux historiens de débattre de ce qu'il a fait ou n'a pas fait. Laissons aux historiens le fait de savoir s'il était coupable ou non. Et même s'il n'était pas coupable de l'instauration de la terreur, grande ou petite, peu importe. Le nom véhicule en France, une image sombre, néfaste de la révolution. Si nous déclarons Robespierre non coupable et si nous préconisons des manifestations quelconques, pour le bicentenaire de sa naissance, c'est l'ensemble des électeurs qui penseront que nous cautionnons les périodes les plus sombres de notre histoire. Célébrons la prise de la Bastille, le chant de la Marseillaise, l'abolition des privilèges, la fin de la royauté, mais laissons le souvenir des massacres à l'oubli de l'histoire.

– Alors, laissons aussi les massacres nazis à l'oubli de l'histoire, laissons aussi la déportation et le massacre des juifs à l'oubli de l'histoire, laissons aussi Pétain et ses cohortes de collaborateurs fascistes à l'oubli de l'histoire.

– Monsieur Leroy, vous n'avez pas la parole !

– Laissez, Monsieur le Président, je vais lui répondre. Il y a une grande différence entre les faits que vous citez et la terreur sous la révolution. Oui, la terreur a existé pendant l'occupation allemande. Oui, il y a eu des exécutions là aussi sans procès, sans preuve, parfois sans témoins. Et pas seulement des résistants, jugés par les autorités allemandes ou par le gouvernement de Vichy. Il y a eu aussi des innocents, des otages comme on disait, qui n'avaient rien fait, à part d'être né Français. Et je n'oublie pas qu'il n'y avait pas seulement l'occupant allemand qui fusillait, mais aussi des policiers, des gendarmes, et des miliciens français qui les assistaient. Eh non, je n'oublie pas et je ne veux pas que l'on oublie. Ni cela ni les camps de concentration nazis qui ont massacré les juifs, les Tziganes, les homosexuels, les communistes, les malades mentaux, les résistants, et tant d'autres. Mais à un moment donné, ce n'est plus aux politiques de faire l'histoire, de dire ce qui est bien ou pas, c'est aux historiens, aux universitaires, aux philosophes, à la société civile. Ce n'est plus notre rôle, car alors cela ouvre la voie aux dérives politiques. Que dirions-nous aujourd'hui, si l'on savait que dans un siècle, cette Assemblée organisait un vote pour savoir s'il fallait ou non célébrer le bicentenaire de la naissance de Pétain ?

– Monsieur Guiton, comment peut-on comparer Pétain et Robespierre ?

– Messieurs, cela suffit, donnez-nous votre choix et arrêtons ces querelles. Monsieur Guiton, je crois que vous votez contre ?

– Oui, contre !

– Monsieur Leroy, puisque vous avez pris la parole, continuez !

– Monsieur le Président. Comparer Robespierre aux despotes sanglants de l'histoire, ce n'est pas digne de nous. Et sans citer le traître de Pétain, intéressons-nous à un autre personnage de l'histoire qui naissait trois ans après la mort de Robespierre, je veux parler d'Adolphe Thiers. Cet homme commit cent fois plus de meurtres de français dans la répression de la commune que Robespierre, et pourtant il y a des rues Adolphe Thiers, des statues, des squares, et même des écoles, Il a été le premier président de la Troisième République française. On cite les chiffres de plus de 40 000 arrestations et de 20 000 fusillés durant la semaine sanglante de la commune de Paris, sans procès et sans jugement. On n'utilisait pas la guillotine, c'eut été trop long pour le massacre, on préférait les fusillades, c'était plus rapide. Et tout cela en une semaine. Mais on ne parle pas de terreur, non, on parle de conseils de guerre, de pacification, d'insurgés. Alors votre terreur liée à la Révolution avec les quelques milliers de morts, comparer à Thiers et ses massacres planifiés. Eh bien oui, je vote pour la célébration du bicentenaire de la naissance de Robespierre.

– Bien, nous avons noté, deux pour, une contre. C'est à vous, Monsieur Plantier.

– J'avoue Monsieur le président que je suis… enfin je ne sais quoi dire. Comme vous le savez, ma région, c'est le Béarn, j'y suis attaché.

– Quel rapport ?

– J'y viens. Je me suis toujours méfié du centralisme jacobin et des adeptes de la toute-puissance parisienne face aux sensibilités régionales. Aussi je voterai contre, non pas parce que ce ne fut pas un grand homme de la révolution. Non, et je crois même qu'il eut raison de soutenir la terreur, car il le fallait face à la réaction royaliste. Mais je juge les excès de son centralisme et de son despotisme parisien. Je vote contre.

– Étrange argumentation, mais vous êtes libre de votre choix et de votre décision. Deux votes pour et deux contre, c'est à vous Monsieur Raphaël Babet de la Réunion.

– Merci, Monsieur le Président, j'avoue que j'ai suivi ce procès avec beaucoup d'attention. Au début j'ai pensé que c'était une folie, que l'opinion se ficherait de nous. Mais j'avoue que maintenant je me fiche de l'opinion. Nos électeurs et les miens penseront ce qu'ils voudront, il fallait le faire. Je vote pour.

– Pouvez-vous nous donner une ou des raisons, je sais bien que cela ne doit pas se faire par le jury d'assises, mais nous sommes entre collègues, et c'est un procès particulier.

– Oui, j'allais le faire, mais ma conviction profonde m'a fait oublier d'argumenter ma décision. De notre île, la Réunion, nous n'avons pas la même perception que vous de la métropole sur ces évènements. Nous avons, je dois l'avouer, plus de distance, et de recul sur ceux-ci. Vous savez aussi qu'avant de s'appeler l'île de la Réunion, elle s'appelait l'île Bourbon, car elle était sous le contrôle direct du Roi de France. Ce que vous ne savez peut-être pas, c'est que mes parents sont partis exploiter un lopin de terre à Madagascar et sont morts miséreux, comme certains de leurs ancêtres qui étaient des esclaves. Esclavage qui perdura jusqu'en 1848, sachez-le, Messieurs, car c'est bien la réaction thermidorienne et Napoléon en 1802, qui rétablit cela. Mais ce n'est pas en 1848 que ce crime s'arrêta, non car on inventa alors, l'engagisme. Un état et un concept de l'ancien régime qui pourrait se définir comme un état de servage. Une forme de salariat dans nos colonies et qui perdura jusqu'en 1930, mais sans droit et sans Code du travail. Et oui, pour ceux qui ne le sauraient pas, il y a trente ans, une forme d'esclavage existait encore. Oui, c'est cet homme, Maximilien de Robespierre qui permit que la convention en 1794, abolit l'esclavage, et que l'on posât pour la première fois dans notre pays les bases d'une réflexion. Alors vous pensez bien que je vais voter pour la célébration. Non coupable !

– Trois pour, deux contre, Monsieur Paul Devinat, député de la Saône-et-Loire.

– Monsieur le Président. Comme vous le savez, j'étais résistant, et à une époque au début de la guerre où nous n'étions pas très nombreux. La plupart des Français étaient abattus par la défaite, d'autres avaient rejoint Pétain, quelques-uns, très peu, avaient adhéré à l'appel du 18 juin. Ce que m'apprit cette époque pas si lointaine, c'est que les choix que l'on fait sont souvent difficiles, parfois douloureux, dans certains cas, injustes. Je me souviens, et c'est encore un pénible souvenir avoir pris la décision d'abattre un voisin. Oh, pas un traître, non juste une personne qui par peur ou par lâcheté ou par fidélité, collaborait avec l'ennemi allemand. Il était un petit entrepreneur de peinture, et honorait les contrats que la Kommandantur de Mâcon lui commandait. Il était payé pour cela. Il faisait son travail, ni plus ni moins, mais nous avions décrété qu'il fallait faire un exemple pour dissuader nos compatriotes de servir l'occupant. Nous pensions que l'exemple suffirait à faire comprendre à tous, que nous pouvions frapper tous ceux qui « collaboraient». Et nous l'assassinâmes. J'emploie le mot parce qu'il est juste. Nous l'avons abattu dans la rue, alors qu'il se promenait un dimanche après-midi avec sa femme et ses deux enfants. Par la suite, les Allemands arrêtèrent des notables de la ville et des inconnus dans la rue, aidés par la milice de la ville, qui siégeait à l'hôtel du Charolais. Parmi ces personnes se trouvait Berty Albrecht…

– Continuez Monsieur le Député, nous vous écoutons.

– Oui, pour ceux qui ne la connaissaient pas, elle est l'une des six femmes de la résistance, faites « Compagnon de la Libération ». Elle fut transférée à la prison de Fresnes. Le 31 mai 1943, elle a été retrouvée pendue dans sa cellule. On pense qu'elle s'est suicidée pour ne pas parler sous la torture. Je me sens responsable de sa mort, car sans l'assassinat de ce petit artisan, elle n'aurait pas été arrêtée, et cette femme admirable, résistante de la première heure, serait peut-être encore vivante. Cela me hante encore, je vote contre.

Chapitre 30.

Quatrième séance du tribunal, vendredi 28 décembre 1956. Suite de la délibération du tribunal.

– Bien, Messieurs, nous sommes à égalité parfaite, trois voix pour, trois voix contre. Le jury a demandé, et ce n'est pas une procédure normale, mais sommes-nous dans la normalité d'un procès ? Bien, je disais donc que le jury a demandé une précision complémentaire sur ce qui se passa les 4 et 5 thermidor juste avant la chute de Robespierre.

– Monsieur le Président, ce n'est pas dans la procédure normale, et…

– Monsieur l'Avocat général, nous ne sommes pas ou ne sommes plus dans une procédure normale, et je préfère donner satisfaction à nos collègues, ce qui permettra d'éclairer notre perception et notre compréhension de l'histoire, mais aussi de leur permettre de se positionner en toute connaissance de cause. J'appelle donc Monsieur Mathiez, je vous indique que vous êtes sous serment. Veuillez nous présenter ce qui s'est passé lors de ces séances.

– Difficile de répondre à cette question, Monsieur le Président. Nous savons que les deux comités ont tenu des réunions conjointes, mais il n'y a eu aucun rapport ou procès-verbal de ces deux jours. La seule indication est donc ce qui a pu être dit par les participants dans les jours qui ont suivi, et les déclarations divergent bien sûr, c'est un travail d'enquête historique auquel il faudrait se livrer, je ne peux que vous donnez quelques précisions et mon avis personnel.

– Nous vous écoutons.

– D'abord la position de Barère qui ne cessa pas les jours précédant les dates du 4 et du 5 thermidor, de louer l'action de Robespierre, de Saint-Just et de Couthon, allant même faire voter par les comités réunis, les décrets d'application de certaines lois restées en suspens. Bien sûr, pour se défendre par la suite, il indiqua qu'il avait tendu un piège au tyran et qu'il l'avait sommé de se présenter devant les comités pour qu'il se justifie de son absence. Barère alla même dire qu'il avait prononcé le 2 thermidor, la phrase suivante : « Il faut que les citoyens qui sont revêtus d'une autorité terrible, mais nécessaire, n'aillent pas, par des discours préparés, influencer les sections du peuple », or cette phrase, il l'avait prononcée pour attaquer Dumas, le président à l'époque du tribunal révolutionnaire. Billaud Varennes, traqué par les thermidoriens, donna des précisions à son avantage de ces deux jours. Il indiqua que le 4 thermidor, Robespierre insistait pour la signature des décrets des lois, alors qu'ils les avaient déjà été signés la veille. Les deux hommes, interrogés séparément par la suite lors de leur arrestation en mars 95, donnent des versions différentes, Barère mentant avec plus de finesse que son collègue. Ce que l'on apprend par d'autres témoignages, je cite « Robespierre avait des ordres à donner, et des victimes à désigner ». Il faut lire conspirateurs, et non victimes, on peut penser que les hommes dont on vient de parler allaient être nommément désignés par lui.

   – A-t-on d'autres témoignages ?

– Oui, notamment les déclarations de Saint-Just le 9 thermidor, avant qu'il ne soit interrompu et arrêté. Il précise que l'interrogatoire d'un officier suisse, que l'on venait d'arrêter, auquel il avait participé à Cambrai, livra l'information d'une tentative de coup d'État prochain contre le gouvernement révolutionnaire. Cet officier indiqua que la coalition étrangère ne prévoyait aucune hypothèse de paix avec la France, et qu'on attendait tout d'un parti qui renverserait la forme actuelle du gouvernement français. Saint-Just poursuivit en précisant que les deux comités l'avaient chargé de rédiger un rapport complet et de décrire le plan ourdi à l'étranger avec l'aide de complicités, au sein même des comités, pour le faire exécuter. Il précisa enfin que les membres des deux comités l'encouragèrent fortement. Pour certains, il fallait dissiper leurs attitudes et les actes d'accusation qu'ils avaient déjà dressés contre Robespierre. Il dit qu'il avait entendu l'un d'entre eux, dire : « Nous sommes tes amis, nous avons marché toujours ensemble ». Il faut croire que durant ces deux jours, Robespierre et les nombreux soutiens qu'il avait encore avaient réussi non seulement à reprendre la main, mais aussi à faire taire leurs ennemis. La réconciliation fut actée par la bonne volonté ou l'opportunisme de certains sous l'influence de Saint-Just et l'hypocrisie de Barère.

– Que s'est-il donc passé par la suite pour en arriver à la séance du 8 thermidor ?

– Robespierre n'avait pas fini de régler ses comptes. Il avait été ulcéré par les accusations des semaines précédentes, et surtout par le ridicule dont on l'avait entouré dans les affaires de Théot, de Cécile Renault et de la fête de l'être suprême. N'oublions pas sa vanité, son orgueil et sa fierté dont il s'est souvent paré pour lutter contre le monde hostile de son enfance puis de sa vie d'adulte.

– Vous voulez dire qu'il n'accepta pas la réconciliation.

– Exact, sinon pourquoi le discours du huit. Il avait déjà tout dit lors de ces deux jours, il avait emporté le ralliement des membres, la paix était signée. En contrepartie de sa victoire, ses ennemis ne devaient pas être dénoncés à la convention. On s'est souvent demandé pourquoi il avait lors de cette séance accusait sans nommer, citait sans préciser, vilipendait sans détailler. En fait, je pense qu'il voulait parler aux conventionnels, mais il retenait ses coups. Il a été, en quelque sorte, le principal acteur de sa chute.

– Théorie, un peu surprenante !

– Monsieur le Président, Messieurs, le désir de réconciliation était évident et partagé par la grande majorité des membres de la convention qui assistaient aux réunions de ces deux jours, en dehors bien sûr de ceux qui voulaient la chute de Robespierre soit par crainte, soit par complot avec l'étranger. J'en veux pour preuve, cette lettre de Voulland, du Comité de Sûreté générale, qui écrivait à ses compatriotes d'Uzès, je vous en lis un passage : « On a cru voir, leur disait-il, l'horizon qui entoure les deux Comités un peu rembrunis. Cette brume que les malveillants voulaient apercevoir et donner quelque consistance n'a été vue que par eux, ils ont eu beau s'agiter pour la présenter comme un nuage sombre qui renfermait la foudre d'une rupture inévitable. Cet orage qui n'a existé que dans les yeux et dans le cœur de ceux qui le désiraient a été conjuré et dissipé avant même qu'il eût été formé. »

– Pour les comités, les antagonismes et la dissension étaient closes ?

– Pour la grande majorité de ses membres, oui ! Mais pas pour Robespierre. On avait cru l'apaiser par l'expression et la volonté de poursuivre l'action du gouvernement révolutionnaire.

Lui voulait changer les hommes. On a trouvé des lettres par la suite de certains députés après les évènements, qui avouèrent qu'ils travaillaient à sa chute depuis des mois.

– Depuis quand ? A-t-on des indications ?

– On peut remonter à la mort de Danton, c'est alors que les premières esquisses d'un complot furent certainement pensées. Ce ne fut pas la loi du 22 prairial ou le décret sur l'être suprême qui donna le départ de celui-ci, mais bien le procès et la mort du tribun. Ils pensèrent tous qu'ils pouvaient subir le même sort et que rien ne pouvait les protéger, pas plus l'indulgence que l'exagération. Pour en terminer, on peut penser que le discours du 8 thermidor fut une surprise pour les membres des deux comités. On pensait que l'affaire était finie, il n'en était rien. Ce qui explique que la réaction des anti-Robespierre mit du temps à se concrétiser à l'Assemblée. Il fallut attendre la séance du 9 pour voir ceux-ci déployèrent l'offensive avec succès.

Chapitre 31.

**Maximilien de Robespierre, prison du Luxembourg.
Le 10 thermidor an II (28 juillet 1794).**

Nous aurions dû nous entendre avec Danton.

Oh certes, sa vertu était parfois feinte, ses goûts pour la fortune l'ont souvent poussé à trahir, mais j'aurais dû composer, ou au moins signer l'acte d'arrestation sans cautionner sa mort.

J'aurais dû insister pour le bannissement, ne pas écouter Saint-Just, par trop intransigeant. La prison suffisait pour lui comme pour Camille comme pour Barbaroux, comme pour… tant d'autres. Mais voilà emportés par notre ferveur, notre entêtement et notre fougue, nous n'avions pas de place pour la mesure, et même il faut le dire pour la pitié. Que nous poursuivions des traîtres à la patrie, des nobles ou des généraux qui désertaient et pactisaient avec les ennemis, de soi-disant patriotes qui conspiraient avec l'étranger, et notamment avec le gouvernement de Pitt, oui nous devions le faire, les arrêter, les emprisonner, les juger et les exécuter si le tribunal et les jurés le décrétaient.

Mais faire de même pour nos compagnons de 89, de 90 et des années qui suivirent ? Non, nous n'avions pas le droit ! Nous avions ensemble fait la révolution de 89. Ensemble nous avions combattu la répression de Louis et des nobles qui conspiraient et nous trahissaient. Ensemble, nous avions en 92 sauvé la République. Il aurait fallu composer, trouver des compromis, constituer un gouvernement où toutes les sensibilités auraient pu s'exprimer. Mais mon orgueil et mon dédain m'ont parfois aveuglé, souvent trompé.

Pourtant, eux aussi se sont écartés de la Révolution de départ et ont permis la haine de certains de nos compatriotes pour elle.

Camille, ah c'est toujours lui qui me hante ! Camille disais-je, en est l'exemple. Par je ne sais quel sentiment d'orgueil et de frustration, il a publié dans son journal, le Vieux Cordelier, sa haine des révolutionnaires, donc de la révolution. Il s'est perdu dans un chemin, comme moi je me suis perdu sur le mien. Augustin prit sa défense, moi aussi, sachant toutefois qu'il était perdu.

Je dois dans mes derniers moments être honnête, comme je pense l'avoir toujours été. Je dois avouer que bien souvent, comme tant de mes amis, je voulais aboyer avec les autres, par peur sans doute de ne plus être reconnu comme un pur. La peur ? La volonté de faire comme les autres ? Non, mais d'être dans la famille des républicains et des patriotes, et d'atteindre la vertu au risque de perdre mon âme. Je ne l'ai compris qu'à la fin. J'ai voulu alors redresser cela, mais il était trop tard.

Mais ce n'était pas mes compagnons, les plus dangereux pour la république. Les plus dangereux sont, sans nul doute, ceux qui se drapent dans la vertu de la révolution. Tous ceux que j'ai déjà cités et qui ont trahi. Ce sont eux, qui se nourrissaient de la terreur. Durant les six semaines où je n'ai plus paru ni à la convention, ni au comité, il y a eu plus de procès et d'exécutions qu'avant. Et ils ont eu l'indécence du mensonge, dire que je représentais la terreur, que j'étais la terreur. Que sans moi, elle s'arrêterait ? Mais sans moi, elle se poursuivra, pire même elle ne sera que plus féroce, sauf si on les arrête[20].

Mais, ils étaient libres. Mon ennemi Tallien, président de la convention a empêché Saint-Just, hier de prendre la parole et de donner les explications nécessaires de ce que je n'avais pas osé dire. Il avait compris que les députés devaient percevoir le sens de mes paroles. Mais Tallien s'y est opposé, lui qui s'est considérablement enrichi sur le dos des malheureux qu'il a emprisonnés. Lui qui a brandi un poignard hier à l'Assemblée,

---

[20] C'est bien ce qui arriva dans les mois suivants. Les plus ardents partisans de la terreur, ceux qui la mirent en place et qui s'opposèrent à Robespierre, précipitant sa chute lors du 9 et 10 thermidor, furent écartés par les modérés. Certains furent exécutés comme Fouquier-Tinville et Carrier, d'autres condamnés et déportés comme Billaud Varennes, et Collot d'Herbois. D'autres encore passèrent à travers l'histoire et continuèrent comme Fouché et Carnot.

laissant croire qu'il se tuerait plutôt que de continuer à vivre sous ma tyrannie.

Esquisse de Danton à la convention par David

Ma tyrannie ! Quel grand mot vide de sens ! Si j'étais un tyran, ils seraient tous arrêtés, tous en prison.

Durant les heures qui suivirent, la lutte s'est engagée entre nos partisans et ceux des députés félons. Nous étions au bord de la guerre civile. Le centre de Paris et leurs comités tenaient pour la convention, les faubourgs pour nous. Des troupes se faisaient face, prêtes à engager le combat. J'ai hésité à signer les ordres de réquisition des sections et à faire envahir la convention pour arrêter les traîtres. Mon hésitation nous a perdus. Nous fûmes arrêtés, puis libérés et conduits à l'hôtel de ville, gardés par des sections révolutionnaires. Tout pouvait basculer en notre faveur. C'est à ce moment que les troupes de la convention, dirigées par

Barras ont investi l'hôtel de ville, que le gendarme a tiré un coup de pistolet[21], me fracassant la mâchoire. À ce moment précis, je signais le décret de levée des troupes de la section des piques, contre la convention. J'avais juste apposé les deux premières lettres de mon nom, le reste de la signature, ce fut mon sang. Le Bas qui lors de mon arrestation hier, a demandé d'être arrêté et à partager mon sort, s'est fait sauter la cervelle. Saint-Just s'est laissé arrêter et emmener, laissant paraître son dédain pour ses accusateurs. La porte s'ouvre, je vais rejoindre Camille.

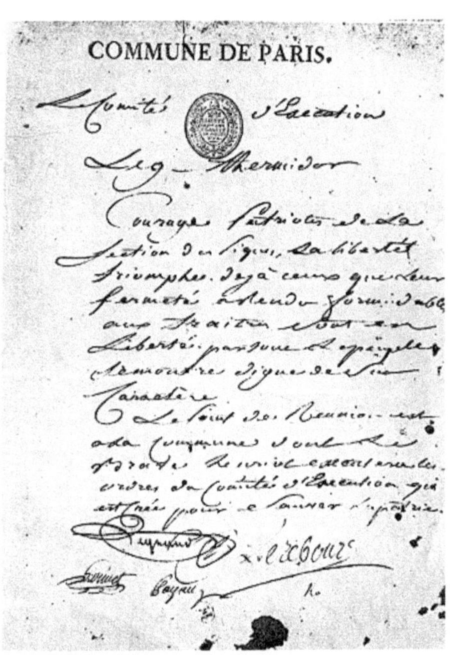

On aperçoit les deux premières lettres de son nom RO, en bas à droite.

---

[21] D'autres versions indiquent que c'est Maximilien de Robespierre qui se tira un coup de pistolet, mais la fouille dûment consignée par la suite sur sa personne indiqua qu'il possédait deux pistolets encore chargés.

Chapitre 32.

Quatrième séance du tribunal, vendredi 28 décembre 1956. Suite de la délibération du tribunal

– Bien, Messieurs, nous reprenons le vote. Après cette dernière audition d'un historien, les jurés ayant déjà voté m'ont assuré qu'ils maintenaient leur vote. Nous sommes donc à égalité parfaite, trois voix pour, trois voix contre. Je donne la parole à Jacques Chaban-Delmas.

– Merci Président. Moi aussi, Paul, cher ami, compagnon comme moi de la libération, j'ai dû prendre des décisions lourdes de conséquences, j'ai dû décider alors que je savais que des vies étaient en jeu. Mais, non, je ne regrette rien. J'ai tort peut-être de ne pas avoir ce sentiment de regret, de remords, de honte. Mais j'ai pris ces décisions, car je le devais, au nom de tous les miens. Que dire sur ce procès, et sur cet homme que l'on essaie de juger, deux siècles après sa naissance et plus de 150 ans après sa mort. Il avait cependant droit à un procès, et les séances auxquels nous avons assisté, les précisions que nous avons eues, les faits historiques que nous avons…

– Jacques, ton avis et ta décision, soie bref !

– Je vote pour la commémoration. Il me semble effectivement qu'on lui a fait porter tous les maux, toutes les fautes et tous les excès de la révolution.

– Monsieur Aimé Césaire, c'est à vous.

– Merci, Monsieur le Président. J'avoue que je suis passionné par cette époque. Je voterai contre, non par un rejet du personnage, ou le fait que je pense qu'il soit coupable, mais uniquement parce que je ne crois pas qu'il faille commémorer les naissances ou tout autre évènement de la vie d'un homme, fut-il l'un des héros d'une période. Tous les personnages de l'histoire, et quel que soit leur pays d'origine, sont forcément des êtres complexes. Un être qui est capable, pour paraphraser, de la vertu la plus idéale comme de la terreur la plus sordide, pas de commémoration, et je voterais de la même façon si le procès de Danton s'était déroulé.

– Bien, nous sommes de nouveau à égalité parfaite, quatre pour, quatre contre. C'est à vous Mathilde Gabriel-Péri.

– Oui, mille fois oui à cette commémoration et mille fois non à l'accusation. Non coupable, acquitté et célébré, c'est ce que ce grand homme mérite. Car, c'est bien la peur bourgeoise qui a fait de cet homme, un monstre sanguinaire et sans conscience. Je ne vais pas développer outre mesure, mon choix. Il nous reste à comprendre que c'est un idéaliste pur et désintéressé. Cela le guida dans un monde rempli, comme souvent, d'intérêts particuliers néfastes au droit des peuples.

– Je vais donner maintenant la parole à mes assesseurs, Monsieur Hernu ?

– Je vote pour la célébration de sa naissance, notre nation lui doit bien cela !

– Monsieur Fourcade ?

– Je vote contre. Peu importe le débat que j'entendais dans nos couloirs de l'Assemblée où certains de nos confrères s'écharpaient sur le mot terreur, avec un petit « t » ou un grand « T » majuscule. Peu importe aussi que le mot fût inventé, semble-t-il par les thermidoriens et les historiens de la restauration. Peu importe qu'il fût celui qui a endossé, assumé et revêtu tous les crimes de la révolution. Il en fut l'auteur. Ou tout au moins, l'un des auteurs. Incorruptible, certes, enragé, très certainement ! Je vous donne la parole, Monsieur le Président, vous devez aussi voter.

– Oui, je vais le faire, mais avant je me dois de préciser un mot. Non, Monsieur Fourcade, il n'était pas un enragé. On désignait à cette époque par ce terme, la faction qui se tenait plus à gauche que les montagnards, prônaient l'égalité la plus parfaite, le socialisme le plus intransigeant, avec comme demande la taxation des biens et l'abolition du commerce. Robespierre sut s'opposer à ce mouvement. Comme il sut s'opposer aux exagérés. Cette faction qui prônait le populisme le plus outrancier, mais surtout le libéralisme le moins contraint par le dirigisme financier, et le protectionnisme économique que prônaient là aussi les robespierristes.

– Vous nous faites un cours, Monsieur le Président !

– Oui, c'est vrai, mais c'est la fin de ce procès, et je voudrais vous éclairer sur mon choix. La majorité, six voix, se déclare pour la célébration, par le fait que l'accusé est déclaré non coupable de crimes. Si je votais contre, l'égalité serait de nouveau parfaite et la demande devant le comité de la culture de l'Assemblée pour la commémoration ne serait pas rédigée. Mais je vais voter pour, et je m'en explique. Je pense que cet homme, Robespierre a su se mettre au-dessus des partis, des factions, des mouvements pour ne voir et ne proposer que le bien de la nation. Il en est mort, abattu par ceux-là mêmes qu'il voulait combattre. Ces hommes qui l'ont le plus combattu ne sont pas ceux qu'on a dénommés par la suite les Girondins, ou les indulgents, rejoints vers la fin par Danton, Philippaux, et Desmoulins. Ces hommes dénoncèrent l'instrumentalisation de la terreur par les Exagérés, les Barère, Collot Billaud, Vadier. Ils furent au début soutenus par Robespierre, mais les Exagérés réussirent à valider la collusion imaginaire entre ceux qui réclamaient la modération et les profiteurs de la compagnie des Indes dont Chabot, Fabre, Delaunay, Basire, qu'on dénomma les « fripons ».

– Président, vous validez la thèse d'un complot !

– Complot ? Si on donne la définition d'un projet qui aurait permis de nuire à d'autres et notamment à celui que nous avons jugé pour l'empêcher de faire juger leurs agissements, et de s'enrichir eux et leurs amis, en mettant en œuvre un libéralisme économique sans contrainte de l'état, oui alors il s'agissait bien d'un complot. Entendons-nous bien, chers collègues, je ne prétends pas qu'il s'agissait de conspiration. Non, on défendait des intérêts, des positions, des fortunes, des biens. Car enfin, que penser de Proli, homme d'affaires et proche de Barère, impliqué dans le procès des exagérés, disposant de fonds importants, qui lui permirent de financer et de soudoyer des députés pour l'arrestation des Girondins, qui enquêtaient sur les malversations et les détournements de certains de ses amis. Que penser d'André Guzman, grand ami de Jean-François Hébert, financier de la commune et des Cordeliers, qui appartenait à ce qu'on appela la bande noire, ces gens qui manœuvraient pour acheter à bas prix les biens sous séquestre du clergé et de la noblesse. Que penser de Perrégaux, banquier suisse, spéculateur, et grand financeur des meneurs de la commune, qui correspondait régulièrement avec William Eden, le responsable des services secrets anglais en France. Que penser de François Desfieux, ultra-révolutionnaire, ami de Jean François Page, Barère, Vadier, et ceux cités auparavant et qui au-delà des missions dans les provinces, vidait les caisses de l'état et passait son temps à faire régner les antagonismes au sein des jacobins, alimentant les rumeurs.

– Président, vous n'avez aucune preuve !

– Il suffit de consulter les documents conservés des débats de la Convention que certains historiens ont pris le temps de lire, de comprendre, et enfin d'analyser. Plusieurs jours avant son arrestation, Robespierre vilipendait les journaux qui, dans les rues, annonçaient son arrestation[22]. Alors oui, on peut parler d'un complot et d'un coup d'État. Je vote pour. Messieurs, nos réunions et nos débats ne seront pas consignés. Aucun écrit ne viendra rejoindre les archives. Nous allons donc demander à l'Assemblée de voter la célébration de la naissance de cet homme. La séance est levée. Je vous remercie.

---

[22] Passage raturé du discours de Robespierre du 8 thermidor : « *On arrêta peu de jours auparavant des colporteurs de journaux qui criaient, à perte d'haleine : « Grande arrestation de Robespierre »*

Chapitre 33.

**Maximilien de Robespierre, prison du Luxembourg.
Le 10 thermidor an II (28 juillet 1794).**

Robespierre et ses amis emmenés à l'échafaud

On m'a transporté sur un fauteuil depuis les Tuileries jusqu'à la Conciergerie. À la prison, j'ai fait un signe pour que l'on me donne de quoi écrire un mot à Charlotte, mais ils m'ont raillé de nouveau, comme les adultes de mon enfance, qui ne me répondaient que par des sarcasmes. Des souvenirs de l'enfance, faut-il toujours donc toujours se souvenir de son enfance dans les derniers moments de sa vie ?

Le temps est beau. On doit être en fin d'après-midi. La charrette dans laquelle on nous transporte me secoue fortement, la douleur est intolérable. On nous emmène à la guillotine, place de la Révolution[23]. Les charrettes s'arrêtent. Je reconnais vaguement la maison des Duplay. Que font-ils ? Je vois les murs recouverts de sang. Les secousses reprennent, J'aperçois une foule qui nous suit. Elle crie, mais je ne comprends pas ce qu'elle dit. Je ferme les yeux, ils veulent ma mort, eux aussi. Pourtant, il y a quelques jours encore, ils m'acclamaient. Nous sommes place de la Révolution. Ils me descendent, me portent à bout de bras. Je vois mes amis qui montent chacun leur tour sur l'échafaud, sauf les mourants comme mon frère et Couthon, qui sont portés par nos bourreaux. Que ces instants sont donc interminables ! J'entends Saint-Just me dire adieu. C'en est trop. C'est mon tour, ils me hissent sur l'échafaud. Je distingue le bourreau qui veut me retirer le linge qui entoure ma mâchoire.

Georges Danton, je te suis !

---

[23] Actuellement, place de la Concorde.

Épilogue.

Au printemps 1957, la proposition, sous le n° 4455, fut présentée à l'Assemblée, et votée.

Et vous, qu'auriez-vous voté ?

« Il est bon qu'une nation soit assez forte de tradition et d'honneur pour trouver le courage de dénoncer ses propres erreurs. Mais elle ne doit pas oublier les raisons qu'elle peut avoir encore de s'estimer elle-même. »

Albert Camus, Chroniques algériennes 1939- 1958.

FIN.

Annexe 1.

Discours de Robespierre à la Convention Le 8 thermidor an II (28 juillet 1794)

Portrait de Robespierre, la veille de son arrestation, certainement esquissé par David.

Citoyens,

Que d'autres vous tracent des tableaux flatteurs : je viens vous dire des vérités utiles. Vous avez besoin d'entendre la vérité. Paraître un objet de terreur aux yeux de ce qu'on révère et de ce qu'on aime, c'est pour un homme sensible et probe le plus affreux des supplices ; le lui faire subir, c'est le plus grand des forfaits. Mais j'appelle toute votre indignation sur les manœuvres atroces employées pour étayer ces extravagantes calomnies.

Je ne connais que deux partis, celui des bons et des mauvais citoyens ; que le patriotisme n'est point une affaire de parti, mais une affaire de cœur ; qu'il ne consiste ni dans l'insolence ni dans une fougue passagère qui ne respecte ni les principes, ni le bon sens, ni la morale, encore moins dans le dévouement aux intérêts d'une faction.

Je sens que partout où on rencontre un homme de bien, en quelque lieu qu'il soit assis, il faut lui tendre la main, et le serrer contre son cœur, je crois à des circonstances fatales dans la révolution, qui n'ont rien de commun avec les desseins criminels, je crois à la détestable influence de l'intrigue, et surtout à la puissance sinistre de la calomnie.

Je vois le monde peuplé de dupes et de fripons : mais le nombre des fripons est le plus petit, ce sont eux qu'il faut punir des crimes et des malheurs du monde. Ils m'appellent tyran. Si je l'étais, ils ramperaient à mes pieds, je les gorgerais d'or, je leur assurerais le droit de commettre tous les crimes, et ils seraient reconnaissants. Si je l'étais, les Rois que nous avons vaincus, loin de me dénoncer me prêterait leur coupable appui, je transigerais avec eux.

Quel est le tyran qui me protège ? Quelle est la faction à qui j'appartiens ? La vérité, sans doute, a sa puissance ; elle a sa colère, son despotisme ; elle a des accents touchants, terribles, qui retentissent avec force dans les cœurs purs, comme dans les consciences coupables.

Il y a deux puissances sur la terre ; celle de la raison et celle de la tyrannie ; partout où l'une domine, l'autre en est bannie. Ceux qui dénoncent comme un crime la force morale de la raison cherchent donc à rappeler la tyrannie.

Que suis-je, moi qu'on accuse ? Un esclave de la liberté, un martyr vivant de la République, la victime autant que l'ennemi du crime, tous les fripons m'outragent ; les actions les plus indifférentes, les plus légitimes de la part des autres, sont des crimes pour moi, Un homme est calomnié dès qu'il me connaît : on pardonne à d'autres leurs forfaits ; on me fait un crime de mon zèle.

Jugez-en par un seul trait. J'ai été chargé momentanément, en l'absence d'un de mes collègues, de surveiller un bureau de police générale récemment et faiblement organisé au Comité de salut public. Ma courte gestion s'est bornée à provoquer une trentaine d'arrêtés, soit pour mettre en liberté des patriotes persécutés, soit pour s'assurer de quelques ennemis de la révolution. Eh bien ! Croira-t-on que ce seul mot de police générale a servi de prétexte pour mettre sur ma tête la responsabilité de toutes les opérations du Comité de sûreté générale, des erreurs de toutes les autorités constituées, des crimes de tous mes ennemis ? Il n'y a peut-être pas un individu arrêté, pas un citoyen vexé à qui l'on n'ait dit de moi :" Voilà l'auteur de tes maux, tu serais heureux et libre s'il n'existait plus".

Pour moi, dont l'existence paraît aux ennemis de mon pays un obstacle à leurs projets odieux, je consens volontiers à leur en faire le sacrifice, si leur affreux empire doit durer encore. Qui pourrait désirer de voir plus longtemps cette horrible succession de traîtres plus ou moins habiles à cacher leurs âmes hideuses sous un masque de vertu, jusqu'au moment où leur crime paraît mûr ; qui tous laisseront à la postérité l'embarras de décider lequel des ennemis de ma patrie fut le plus lâche et le plus atroce.

J'ai vu dans l'histoire tous les défenseurs de la liberté accablés par la fortune ou par la calomnie ; mais bientôt après, leurs oppresseurs et leurs assassins sont morts aussi. Les bons et les méchants, les tyrans et les amis de la liberté disparaissent de la terre, mais à des conditions différentes.

Peuple, souviens-toi que si, dans la République, la justice ne règne pas avec un empire absolu, et si ce mot ne signifie pas l'amour de l'égalité et de la patrie, la liberté n'est qu'un vain nom. Peuple, toi que l'on craint, que l'on flatte et que l'on méprise ; toi, souverain reconnu qu'on traite toujours en esclave, souviens-toi que partout où la justice ne règne pas, ce sont les passions des magistrats, et que le peuple a changé de chaînes et non de destinées.

Souviens-toi qu'il existe dans ton sein une ligue de fripons qui lutte contre la vertu publique, qui a plus d'influence que toi-même sur tes propres affaires, qui te redoute et te flatte en masse, mais te proscrit en détail dans la personne de tous les bons citoyens. Rappelle-toi que, loin de sacrifier cette poignée de fripons à ton bonheur, tes ennemis veulent te sacrifier à cette poignée de fripons, auteurs de tous nos maux, et seuls obstacles à la prospérité publique. Que peut-on objecter à celui qui veut dire la vérité, et qui consent à mourir pour elle ? Je suis fait pour combattre le crime, non pour le gouverner. Le temps n'est point arrivé où les hommes de bien peuvent servir impunément la patrie : les défenseurs de la liberté ne seront que des proscrits, tant que la horde des fripons dominera.

Annexe 2.

**Cécile-Aimée Renault, prison du Luxembourg.
Le 3 prairial an II (22 mai 1794)**

Portrait Cécile Renault

Ils l'ont interrogée durement, ce jour-là, ce jeudi 22 mai.
Elle était sortie de chez elle vers 17 heures, elle voulait voir sa
couturière pour qu'elle puisse retoucher sa chemise de nuit.
Celle-ci demeurait dans l'île Saint-Louis, pas très loin de son
domicile, situé près de la rue de la Lanterne[24]. Elle y habitait
avec son père et sa tante. Ma mère est morte alors qu'elle était
encore jeune. Quelques heures plus tard, elle est allée chez les
Duplay, pour le voir.

Une fille Duplay lui a dit qu'il n'était pas présent. Elle lui
a répondu qu'il était étonnant qu'il ne fut pas présent. Elle

---

[24] Près du marché aux fleurs.

pensait qu'on l'empêchait de le voir. Il devait la recevoir, elle s'était présentée chez lui. À ce moment-là, deux personnes l'attrapèrent et la conduisirent dans un endroit qu'elle ne connaissait pas. Ils lui dirent qu'on devait l'interroger, car on ne comprenait pas pourquoi elle voulait voir Robespierre. Elle leur dit qu'il aurait dû la recevoir. Il était puissant comme le Roi avant. Et le Roi, lui recevait tout le monde. Des hommes derrière une grande table lui posèrent des questions.

– Quels sont ton nom, ton âge, ta profession, et ta demeure ?

– Je m'appelle Aimée-Cécile Renault. Je suis âgée de vingt ans, et je demeure chez mon père, marchand papetier, rue de la Lanterne, près celle des Marmousets, section de la Cité. D.

– Où as-tu été arrêtée et par qui ?

– J'ai été arrêtée dans la maison de Robespierre et par des gens que je ne connais pas.

– Quel motif t'a amenée chez le représentant du peuple Robespierre ?

– Pour lui parler.

– Quelle était l'affaire dont tu voulais lui parler ?

– C'est selon que je l'aurais trouvé.

– Quelqu'un t'a-t-il chargée de lui parler ?

– Non !

– As-tu un document à lui présenter ?

– Cela ne vous regarde pas.

– Connais-tu le citoyen Robespierre ?

– Non, puisque je demandais à le connaître.

– Quel était le motif qui te déterminait à le connaître ?

– Pour voir s'il me convenait.

– Pour voir s'il te convenait ? Qu'est-ce que cela signifie ?

– Je n'ai rien à répondre. Ne m'interrogez pas davantage.

– Lorsque tu t'es présentée dans la maison du citoyen Robespierre, n'as-tu pas témoigné de l'humeur de ce que tu ne le trouves pas chez lui ?

– Oui.

– Connais-tu la rue de l'Estrapade ?

– Non, je ne la connais pas et je n'y ai jamais été.

– Connais-tu une nommée Catherine Théot ?

– Non.

– Connais-tu un individu appelé dom Gerle ?

– Non.

– N'as-tu jamais entendu parler ni de Dom Gerle ni de Catherine Théot ?

– Je n'en ai jamais entendu parler de ces personnes.

– As-tu dit aux citoyens qui t'ont arrêtée chez le citoyen Robespierre que tu verserais tout ton sang, s'il le fallait, pour avoir un Roi ?

– Oui, je l'ai dit.

– Le soutiens-tu ?

– Oui.

– Quels sont les motifs qui t'ont déterminée et qui te déterminent encore à désirer un tyran ?

– Je désire un Roi, parce que j'en aime mieux un que cinquante mille tyrans et je ne suis allée chez Robespierre que pour voir comment est un tyran.

Annexe 3.

Charlotte de Robespierre, Paris 1827.

Portrait Charlotte de Robespierre.

J'avais pensé que le temps qui détruit tout, aurait anéanti la calomnie qui a dénaturé le caractère de mon bon et malheureux frère, Maximilien. Il y a trente-trois ans que mes deux frères ont été assassinés. Une génération a passé, et l'erreur, bien loin de faire place à la vérité, n'a fait que grandir et se propager en tous lieux.

J'aurais bien voulu détruire une aussi funeste prévention, mais des personnes qui prenaient intérêt à ma position me conseillèrent de ne rien dire, parce qu'on ne manquerait pas de récuser mon témoignage et de m'accuser de partialité. J'ai suivi leurs conseils, et je crois que j'ai eu tort. Je ne savais pas qu'on m'attribuait des lettres contre mon frère aîné, afin de donner plus de force aux accusations portées contre lui.

J'ignore si mon jeune frère Augustin, a été calomnié comme Maximilien. Je n'en ai rien entendu dire. Mais je sais qu'il a été assassiné comme lui pour avoir dit : « Je partage les vertus de mon frère. » Cette profession de foi a été son arrêt de mort. Quelle était donc la morale de ces hommes qui vouaient à la mort les plus ardents démocrates ?

Ils ne se sont pas contentés de ce crime, ils ont encore poursuivi leurs victimes au-delà du tombeau. Après avoir immolé l'homme de bien l'incorruptible Maximilien, ses bourreaux ont mis tant d'audace dans leurs attaques contre lui, qu'ils ont fait passer mon pauvre frère pour un scélérat, non seulement dans sa patrie, mais encore chez les autres nations. Ils ont distillé leur fiel partout, dans les libelles, dans les journaux, dans les biographies, et jusque dans les romans. Ils ont tant fait qu'ils ont égaré l'opinion, de la multitude et même celle des penseurs, qui, s'ils avaient voulu se donner la peine de démêler la vérité à travers les absurdes et odieux mensonges dont était chargée la mémoire de mes frères, auraient infailliblement été désabusés sur leur compte.

Les méchants se donnent plus de peine pour répandre et propager le mensonge, que les bons n'en prennent pour connaître la vérité. Cependant je ne puis croire que, parmi tant d'hommes, toujours prêts à accueillir l'erreur, il ne s'en sera pas trouvé quelques-uns moins prompts à juger que les autres, qui auraient réfléchi sur l'absurdité des accusations qui planent sur mes frères. Accusations dénuées de preuves, et qui ne reposent que sur la méchanceté de leurs ennemis. La vérité déplaît aux uns, est indifférente aux autres. Voilà pourquoi elle reste cachée pendant des siècles. Honneur aux âmes exemptes de préjugés, qui se dévouent pour la faire triompher. S'il existe des hommes qui aient intérêt à noircir mes frères, à dénaturer leurs intentions, la postérité du moins, qui seule a le droit de fixer le caractère des personnes illustres, vengera leur innocence, et rétablira les faits sous leur véritable point de vue. Que ceux qui s'obstinent à rester dans l'erreur et à croire contre toute vraisemblance que mes frères méritent la réprobation qui pèse encore sur eux dans beaucoup d'esprits, fassent au moins réflexion que deux hommes qui avaient pratiqué la vertu toute leur vie ne pouvaient devenir tout à coup méchants. Un grand poète a eu raison de dire ; « Quelques crimes toujours précèdent les grands crimes. Quiconque a pu franchir les bornes légitimes peut violer enfin les droits les plus sacrés. »

Ô mon frère Maximilien ! Que ne puis-je, en rendant hommage à ta mémoire, faire passer la conviction dans toutes les âmes honnêtes et vertueuses comme était la tienne ! Depuis l'instant de ta naissance tu n'as pas cessé de pratiquer la justice, de te signaler par des actions louables et méritantes. Tous ceux qui t'ont connu le savent, ils peuvent l'attester, mais aucun n'a osé le dire jusqu'à présent, tant étaient grands la terreur que tes ennemis ont su leur inspirer. Ah ! S'il reste dans l'âme de tes calomniateurs quelque sentiment humain, ils doivent être déchirés par les remords !

Ô mes frères ! Mes chers et malheureux frères ! Combien vous avez eu à souffrir de voir tant de perfidie chez les hommes ! Combien vous souffririez encore si vous pouviez savoir que les impostures de vos ennemis ont eu tout le succès qu'ils en espéraient. Mais vous n'avez pu le penser : vos consciences vous faisaient croire que rien ne pourrait ternir l'éclat de votre réputation. Heureuse sécurité ! Que les méchants ne connaissent pas. C'est le seul bien qu'ils n'aient pu vous ravir, c'est aussi la seule consolation d'une sœur qui vous révère et vous pleure.

Bibliographie, Référence, Essais, et Œuvres.

Albert Mathiez « La corruption parlementaire sous la terreur » 1917

Albert Mathiez « La conspiration de l'étranger » 1918

Albert Mathiez « La Gironde et la Montagne » 1922

Lavoine « La famille Robespierre et ses origines » 2016

Albert Mathiez « La Révolution française » 1922

Albert Mathiez « L'affaire de la compagnie des Indes » 1920

Henri Wallon « Histoire du tribunal révolutionnaire de Paris » 1881

René Levasseur « Mémoires de R. Levasseur, conventionnel » 1831

Albert Mathiez « Contribution à l'histoire religieuse de la révolution » 1907

Alexandre Dauban « Les prisons de Paris sous la révolution » 1870

Stéphane Pol « Autour de Robespierre » 1901

Louis Jacob « Buissart, un ami de Robespierre » 2016

Camille Desmoulins « Le vieux cordelier » 1794

Jean-Baptiste Louvet « A Robespierre et ses royalistes » 1792

Louvet de Couvray « Mémoires d'un conventionnel » 1823

Alexandre Dauban « Mémoires de Pétion, Buzot et Barbaroux » 1866

Auteur Inconnu « Le procès de Louis XVI » 1814.

De Lescure « Correspondance secrète de Louis XVI et Marie Antoinette » 1866.

Assemblée Nationale « Opinions, discours et mémoires des membres de la Convention Nationale » 1792-1794.

Ogé Barbaroux « Mémoires inédites de Charles Barbaroux » 1822

Hector Fleischmann « Charlotte Robespierre et ses mémoires » 1909.

Merci à la société des études Robespierristes.

http://etudesrobespierristes.com/

Et à la société ARBR, « Les amis de Robespierre pour le bicentenaire de la Révolution ».

http://amis-robespierre.org/

Dépôt légal novembre 2017 ISBN : 979-10-94133-14-9

JMB EDITIONS

Couverture © Sébastien Biguet

Prix 9,50 €

www.ingramcontent.com/pod-product-compliance
Lightning Source LLC
Chambersburg PA
CBHW051819150726
47998CB00001B/208